그해 우리는

문학세계대표작가선 1024   강정식 여섯 번째 시집

그해 무리눈

황금 같았던 날들의 기록

도서출판 천우

이 시집은 1962년 서울공대 입학 동기회 공병채(孔炳採) 회장의 지원과
금속과 동기생들의 협조로 출간되었습니다.

● 여섯 번째 시집 『그해 우리는』 드리는 말씀

  2016년 5번째 시집 『산다는 것이』를 출간하면서 삶을 되돌아봐야 하는 처지에서 마지막 시집을 엮는다는 마음이었다고 했습니다만 그 후 많은 시간이 흐르면서 코로나-19 같은 길고 힘한 시간도 보내며 깊은 생각에 빠져 고민하며 다시 작업을 계속했습니다. 그래서 이번 6번째 시집 『그해 우리는』에서는 살아온 날들을 뒤돌아 짚어보고 반성도 하고 힘든 삶에 지친 독자들이 제목만 읽어도 힘을 얻을 수 있도록 써야겠다는 새로운 다짐도 하면서 한편으로는 다소 편안한 시선과 마음으로 스스로를 정리하고자 했습니다. 그러나 아직도 내 성찰의 깊이와 폭과 재능이 부족하다는 점을 절감하고 있음을 여전히 고백하지 않을 수 없습니다. 이번 시집 『그해 우리는』에는 2016년 5번째 시집 이후 2024년 상반기까지의 작품 중에서 110여 편을 골라 수록했으니 많이 사랑해 주시기 바랍니다.

  한편, 특별부록으로 1962년 〈서울공대 금속공학과〉에 함께 입학해서 함께 수학하고 졸업 후 60여 년을 함께 우의를 다져온 몇몇 친구들이 서로 다른 분야에서 서로 다른 삶을 살면서 살기 좋은 우리나라를 만들기 위해 산업의 최일선에서 땀 흘려 노력한 〈황금 같았던 날들의 기록〉을 붙였으니 함께 일독하시기 바랍니다.

2024년 8월

제1부

그해 우리는

● 여섯 번째 시집 『그해 우리는』 드리는 말씀

그해 우리는 1. 태극기 휘날리며 __ 12
그해 우리는 2. 이별 __ 13
그해 우리는 3. 졸업식 __ 14
그해 우리는 4. 불 __ 15
그해 우리는 5. 삼일절 __ 16
그해 우리는 6. 검정 고무신의 추억 __ 17
그해 여름은 __ 18
그해에도 목련꽃은 피어 __ 19
먼 훗날 우리는 __ 20
Pandemic(유행병) 세상에 살다 보니 1 __ 21
Pandemic(유행병) 세상에 살다 보니 2 __ 22
코로나 블루(Blue), 자살 __ 23
뇌출혈 수술 __ 24
산다는 것이 __ 25
산다는 것이 기다리는 일이지 __ 26
산다는 것이 별거 아니래도 __ 27
꿈 이야기 (수상해) __ 28
꿈 이야기 (여행) __ 29
이상형(理想型) __ 30
후회(My way) __ 31
행복 __ 32
행복합니다 __ 33
때가 되었다 해서(파도를 보라) __ 34
때가 되었다 해서(겨울이 가면) __ 35
삶의 의미 __ 36
부음(訃音) __ 37
그때가 되거든 __ 38

제2부
나는 누구인가?

나는 누구인가(세월은 흘러가서) __ 40
나는 누구인가(화석이 된 나) __ 41
나는 누구인가(알 수 없는 신호) __ 42
나는 누구인가(왜 살아야 하나) __ 43
밤바다 __ 44
겨울 바다 __ 45
기다림 1 __ 46
기다림 2 __ 47
투명 인간, 나는 없다 __ 48
길 위에서 __ 49
약장(藥欌) __ 50
난민(亂民) __ 51
깨어진 꿈 __ 52
무서운 세상 __ 53
폭탄 __ 54
지뢰밭 __ 55
생명의 신비 __ 56
희망과 환상 사이(희망을 가져라) __ 57
희망과 환상 사이(꿈 깨라고) __ 58
훈장(勳章) __ 59
동안거(冬安居) __ 60
이제야 알겠네 __ 61
바람이었네 __ 62
살고 싶으면 __ 63
선을 지켜라 __ 64
기다려 봐야지 __ 65
세상은 공평무사 __ 66
세상은 약육강식 __ 67

제3부
인생은 아름다워

인생이란 알 수 없는 거야 __ 70

인생이란(할머니들은) __ 71

인생이란(믿든 안 믿든) __ 72

인생은 아름다워 __ 73

청춘(靑春) __ 74

사랑은 시냇물처럼 __ 75

너에게 __ 76

너는 나에게 __ 77

꿈을 키우다 __ 78

이유 1(알 수가 없네) __ 79

이유 2(이유가 있는 거야) __ 80

길을 잃다 __ 81

고독(孤獨) __ 82

후회(그때도 알았더라면) __ 83

신작로(新作路) __ 84

갈대밭 __ 85

3월(March) __ 86

봄(春, Spring) __ 87

봄날 __ 88

봄밤 __ 89

떠나가는 봄 __ 90

가을이 오네 __ 91

가을이 __ 92

겨울 __ 93

겨울이 좋다 __ 94

겨울이 길었으면 좋겠다 __ 95

가는 세월 __ 96

세월이 가네 __ 97

제4부
친구 생각

어릴 적 헤어진 친구들 _ 100
친구 생각 _ 101
외롭다는 것이 _ 102
너만 그런 게 아니야 _ 103
살아온 만큼이나 _ 104
외로움 _ 105
쓸쓸함이란 _ 106
슬픔 _ 107
사소한 것들 1 _ 108
사소한 것들 2 _ 109
시간 _ 110
바람이고 싶다 _ 111
한 송이 매화가 벙글 때 _ 112
계획이 다 있었나 보다 _ 113
백로(白鷺) _ 114

비가 내리면 _ 115
끝 _ 116
지진 _ 117
야간열차 _ 118
상사화(相思花) _ 119
꽃길 _ 120
나의 꽃 _ 121
도라지꽃 _ 122
풀꽃 _ 123
벚꽃 엔딩(Ending) _ 124
구절초 _ 125
산국(山菊) _ 126
나뭇잎 _ 127

● **해설** 창조적 상상력으로 빚어낸 서정주의자의 노래,
　　　현대판 두보(杜甫)의 귀환 / 정유지 ＿ 128

● **황금(黃金) 같았던 날들의 기록**
　강정식　더 넓은 세상을 향해서 ＿ 147
　공병채　炳採(凡如) 日誌 ＿ 162
　신명철　挑戰과 熱情으로 壁을 넘어 ＿ 172
　정장훈　박태준 회장 기념관을 다녀와서 ＿ 180
　홍상복　철강(鐵鋼)은 내 인생 ＿ 192

제1부
그해 우리는

배꽃은 슬프도록 하얗게 피었고
인적도 끊긴 비탈진 과수원 길을 걸으며
아무 말도 할 수 없었지

그해 우리는 1. 태극기 휘날리며

나라를 구할 일념으로 우리는
1호관 앞 정문 앞에서
맨손으로 경찰과 대치하다
밀리면서 흩어져 논밭으로 뛰어
들판을 건너 간이역으로 해서
대학로까지 나아갔다
우리는 치열하게 저항했고
뜨겁게 연애도 하고 철학을 토론했다
세월이 흘러 몇몇 친구들은
벌써 이승을 하직하기도 했지만
반세기가 지나고 나서도
그해 우리는 그 일념으로 태극기를 들고
광화문 광장으로 모였다
햇볕이 따가운 한여름에도
장맛비가 쏟아지는 궂은 날에도
친구들 가슴은 여전히 뜨거웠다
우리 손으로 일군 나라
반만년 역사 이래 가장 찬란한 삶을
물려주고 싶을 뿐이었는데
역병으로 주저앉았으니
애통하고 애석할 뿐이다
하늘은 스스로 돕는 자를 돕는다 했으니
하늘은 큰 뜻이 있겠지만
믿는다 우리는 그 치열했던 날들의 염원을
하지만 지금도 늦지 않았다
서슴지 말고 일어서 나아가자
태극기 휘날리며!

그해 우리는 2. 이별

사랑했지
끔찍이 서로 사랑했고
치열하게 사랑하며 싸웠지
하얀 달이 뜨던 그해
배꽃은 슬프도록 하얗게 피었고
인적도 끊긴 비탈진 과수원 길을 걸으며
아무 말도 할 수 없었지
사랑이 무엇인지
삶이 무엇인지
절망이 무엇인지
두려움이 무엇인지 알 수 없어서
길을 잃고 말았지
그렇게 우리는 이별을 했지
그러나 아무도 이별을 말하지 않았지
아무도 말할 수 없었으니까
우리는 치열하게 사랑했으니까

그해 우리는 3. 졸업식

대학 졸업식을 마치고 우리는
호기 있게 멸공과 필승을 외치며
각자 인생길로 출발을 서둘렀다
나는 군 복무를 시작해야 했고
더러는 외국 유학을 떠나기도 하고
바로 사회생활을 시작하기도 했다
각자 흩어져 자신들의 길을 갔고
그렇게 세월이 가면서
가끔은 슬픈 소식도 들렸고
가끔은 기쁜 소식도 있었고
그렇게 모두 성공해 갔다
세월은 빨라서
50년을 기념하는 자리가 마련되었다
몇몇은 벌써 이승을 떠났고
더러는 행방이 묘연했고
더러는 나타나지 않았다 그러나
아직도 남은 가슴들은 뜨거웠으나
지난날의 부귀와 영화는 슬픔이 되었고
병약해진 육신들은 허물어져 갔으며
세월은 인생에 적이 되어 있었다
고독한 허무가 기다리고 있었다
그래도 우리는 서로 안부를 전하며
기약도 열정도 없이 헤어져야 했다

그해 우리는 4. 불

그해 우리는 알거지가 되었다
12월 어느 날 겨울이 깊어 가는 한밤
모두 곤히 잠이 들 무렵
옆집에서 덮쳐오는 불이 삽시간에 번져서
식구들은 간신히 맨발로 빠져나와
집이 무너져 내리는 무서운 불구경을 했다
아침에 보니 재가 된 집터는
시커먼 어름산이 되어 있었다
남의 집 문간방 신세를 지게 되었지만
얻어 입은 옷에 검은 고무신을 신고
빈손으로 학교에 다녔다
아버지 어머니는 눈물을 보이지 않으셨지만
가슴속으로 삼키는 눈물을 보았다
아버지는 급히 서둘러 집터를 수습하고
판잣집 한 칸을 세워 신문지로 초벽을 했다
겨울은 사정없이 깊어 갔지만
어린 우리는 춥다고 응석을 부릴 수 없었다
우리는 그렇게 전쟁과 싸웠고
추위와 불과도 싸웠지만
아무하고도 타협하지 않았고
참고 굳건히 일어서는 삶을 배웠다
나는 누구에게도 질 수가 없었다
다음 해 봄 나는
중학교에 장학생으로 입학했다

그해 우리는 5. 삼일절

3·1절 아침
국기를 내걸며 둘러보니
국기를 게양한 집이 거의 없다
참으로 아쉽고 가슴 아프다
그해 나라 안 방방곡곡에서는
손에 손에 태극기 들고
너도나도 거리로 쏟아져 나와
목이 터져라 만세 부르며
조국의 해방을 외쳤을 오늘이다
그렇다 4·19가 나던 그해
고등학생이던 우리도 그랬다
우리는 총탄이 날아오는 시청 앞으로
종로통으로 밀려다니며 정의를 외쳤다
그렇게 정의로운 나라를 만들어 갔다
정의롭고 살기 좋은 나라에서
그 후 대통령은 탄핵되었지만
절망하지 않았다
그해 우리는 다시 태극기를 들고
흰 머리칼을 날리며
광화문 광장에 태극기 부대가 되어
쓰러져 가는 나라를 바로 세웠다
지금도 태극기를 들면
가슴이 뜨겁게 뛰는데
태극기는 우리의 대한민국이다
태극기에 대하여 "경례!"

그해 우리는 6. 검정 고무신의 추억

아마 모를 거다
한 번도 신어 보지 않았으니
맨발에 그 고린내 나는 기막힌 추억을
어머니는 늘 깨끗이 닦아
댓돌 위에 엎어 놓아 주셨지
우리 동네에 불도 잘 나던
"말표" 고무신 공장이 있어서
고무 냄새 나는 공장 옆 공터가
우리들의 만만한 놀이터였지
겨울에도 검정 고무신밖에 없었어도
십 리 길 학교를 뛰어다녀
뜀박질은 일등이었으니까
아이들이 커가며 몇 차례 이사 끝에
그해 우리는
새 아파트로 이사하던 어느 날
시골 장모님이 딸네 집에 오셨다
꾸러미 속에서 아범 선물로
요즘은 시골 장터에서도 귀하다는
검정 고무신 한 켤레를 내놓으셨다
아! 어찌 아셨을까 그 옛 맛을
이제 어른들은 다 돌아가셔서
가슴 찡하게 모두가 그리운 날이면
검정 고무신도 없는 신발장을
공연히 뒤적여 본다

그해 여름은

그해 여름은 유난히 더웠지
외할머니의 작은 텃밭 한쪽 끝에는
누런 황소가 퇴비를 깔고 앉아
느긋하게 되새김질을 하고 있고
오이와 호박넝쿨은 울타리 삼아 꽂아 놓은
막대를 타고 기어오르고
고추, 가지, 상추, 파를 조금씩 심으셨지
한여름 햇볕에 푸성귀가 한 뼘씩 자라도
논밭에 김매는 일은 쉴 틈이 없고
한여름 먹거리는 늘 부족했지
할머니께 늘 야단을 맞으면서도
손가락만큼 자란 오이며 풋고추를 따 먹으며
냇가에서 미역감고 물장구치는 재미에
철없이 뜨거운 여름을 났지
별똥별들이 유난히 빛나던 밤
원두막에서 모기에 물리며 먹던
노란 참외 맛은 잊을 수가 없는데
그 햇살 쏟아지던 여름날들
그해 여름은 유난히 더웠지
그랬지 그해 여름은 유난했지

그해에도 목련꽃은 피어

사랑을 가슴에 묻고 떠나왔기에
그해 겨울은 유난히 추웠었지
빌딩 사이로 불어오는 바닷바람은
늘 차갑고 습해서 어깨는 움츠러들고
고개는 저절로 숙여졌지
두고 온 모두가 슬픔이고 그리움이었기에
그해 겨울은 더 배가 고팠지
유난히 햇살이 따사롭던 그 날
고개를 드는 순간 담장 너머에
하얀 목련꽃이 피어 있었지
근심 어린 어머니 얼굴처럼
고향집 그 하얀 목련꽃이었지
그 꽃이 번개처럼 가슴을 파고들었지
맨해튼(Manhattan)에도 벌써 봄은 와 있었네
그렇게 무거운 외투를 벗었지
그해에도 가슴에 목련꽃 피어
내게도 봄이 오고 있었네

먼 훗날 우리는

기약도 없이
누구는 원대한 꿈을 안고 떠났고
불안해서 머뭇거리면서도
젊은 가슴들은
모두 뜨겁게 들떠 있었어도
미래는 알 수 없었다
쉽게 만날 수는 없었지만
시간은 약이 되고 고난은 병이 되어
풍문처럼 가끔 소식이 날아다녔다
때로는 붉은 꽃잎처럼
때로는 시퍼런 댓잎처럼
더러는 빛바랜 낙엽 같아도
똑같은 소문은 없었지만
여전히 우리는 먼 훗날을 기약하며
서로를 알아볼 수 있기를 바라며
상처투성이로 퇴색해버린 푸른 꿈을
뒤적이고 있었다

Pandemic(유행병) 세상에 살다 보니 1

Pandemic(유행병) 세상에 살다 보니
머릿속은 비어가서
사막처럼 황폐해 가고
가슴속은 물 빠진 갯벌처럼
파도를 잃어버려서
눈은 총기를 잃고
후각은 흥미를 잃고
미각은 살맛을 잃고
청각은 위험을 감지할 수 없게 되어
그날이 그날보다 못해지고
오늘은 어제보다도 못하고
내일도 오늘 같아서
내가 세상을 떠미는가
세상이 나를 밀어내나
모두 내게서 멀어져 간다
세상이 내게서 멀어져 간다
푸른 물빛
넓은 바다에 가고 싶다
아! 푸른 별에 가고 싶다

Pandemic(유행병) 세상에 살다 보니 2

죽고 싶다
생각해 보지도 않았었고
잘 알지도 못하지만, 그냥 그렇다
머릿속이 온통 Blue, Red, Black이다
갈 수도 없고, 만날 수도 없고
하긴, 갈 곳도 없지만
이제는 전화도 안 오고
인터넷으로 메시지를 주고받기는 하지만
끈적한 사람 냄새가 안 난다
수도승처럼 면벽하고
벌서 몇 달째 잡생각을 해 보지만
한 번도 경험해 보지 못한 세상
먹어도 죽은 것처럼
안 먹어도 죽은 것처럼
살아 있어도 죽은 것처럼
잠을 자도 죽은 것처럼
벌써 맥없는 푸른 하늘에 지쳐서
아! 푸른 바다가 보고 싶다

코로나 블루(Blue), 자살
(젊은이들의 자살이 늘어간다)

코로나-19의 락 다운(Lock Down)*
절벽이고 절망이다. 우리에게
바이러스보다 무서운 코로나 블루(Blue)*
짙은 안개보다도 검은 소문보다도 빠르고
무섭게 머릿속으로 가슴속으로 스며들어
이제 희망은 블루가 아니라
레드(Red)고 블랙(Black)이다
"나 파스타 먹었다."
"샴푸도 하고 린스도 끝냈다."
"친구야! 친구야?"
"니 좋아하는 S 카페에
아주 맛있는 음료가 곧 출시된대."
"저 밤하늘에 별 다 세어 봤어?"
"XX 결혼식 사진은 찍어야지?"
대답이 없다 소용이 없었다
어둡고 작은 방에서 식어갔다
우리 모두 차츰 더 외로워졌고
조금씩 더 작아져 갔고
조금씩 허물어져 갔다
젊음에게 희망을…
"우리 반딧불이 잡으러 가자!"

* 락 다운(Lock Down) : 도시 봉쇄.
* 코로나 블루(Blue) : 코로나-19로 인한 우울증.

뇌출혈 수술

구급차를 타고 명부(冥府)로 가는 길은
막힘이 없다
강남 성모병원 중환자실, 환자 번호 XX691016
두개골을 뚫은 동전만 한 구멍으로
난 하늘을 봤다
파란만장한 삶터에서
철없이 쌓아온 삶의 찌꺼기들
회개하고 용서하고 화해하지 못한
어혈 덩어리를 씻어 냈지만
마중 나온 사람이 없어서
하늘 문도 열리지 않아서
다시 이 어지러운 세상에서
엄청난 통증과 현기증과 함께 눈을 떴다
이제야 알겠네
죄를 더 짓든지
정신 똑바로 차리고
제대로 살아보든지 하라는 벌이었겠지
하지만 저녁노을은 붉어지는데
해는 벌써 서산에 기울어 가고
아직도 철들려면 멀었는데
이제라도 정말 정신 똑바로 차려야겠네

산다는 것이

산다는 것이
별거 아냐
가슴이 찢어지는 아픔도
세상이 무너지는 허망함도
뼈가 부서지는 고통도
다 지나갈 것이고
세상 다 얻은 듯한 기쁜 일도
꿈보다 더 달콤한 행복도
다 지나가는 것
산다는 것이 그렇게
아쉬움마저 그냥 지나가는 것이지
그래서 산다는 것이
별거 아냐
별거 없다니까

산다는 것이 기다리는 일이지

사람을 기다려 본 일이 있어?
오지 않는 사람, 아니
올 수 없는 사람
사람이 아니어도
좋은 일이나 아니면
나쁜 소식일지라도
기다려 본 일이 있냐구
기다리지 않고는
아무것도 할 수 없고
무엇이나 그냥 죽고 싶도록
기다릴 수밖에 없는 거
희망인지 불행인지
그렇게 기다리면서 시간이 가고
기다리면서 살아지는 거지
산다는 것이 기다리는 거야
죽도록 기다리다가
그렇게 죽어가는 거지

산다는 것이 별거 아니래도

산다는 것이 별거 아냐!
가벼운 생각으로 살다 보면
그리 고달프지도 않고
즐거운 마음으로 살다 보면
그리 괴롭지도 않아
만족하는 마음으로 살다 보면
그리 나쁘지도 않고
감사하는 마음으로 살다 보면
그리 힘들지도 않아
욕심 없이 살다 보면
그리 어렵지도 않고
순리대로 살다 보면 별거 없다니까
산다는 것이 별거 아냐
별거 아니라니까!

꿈 이야기(수상해)

수상해, 뭔가 수상해
틀림없이 무슨 음모가 있는 것 같아
알듯 모르는 도시 낯선 거리에서
번지수도 모르면서
무엇을 찾으려고 애를 쓰고 있지?
갑자기 왜 그곳에 나타났을까?
필시 뇌 속에는
나를 조정하는 음모가 있어
그래서 나를 그곳으로 보냈을 거야
그런데 네가 왜 거기서 나와?
찾아야 하는 일이 무엇인지
왜 알려주지 않았지?
사람인가 아니면 극비문서인가
난 비밀 요원도 아니고
회사를 퇴직한 지도 오래됐는데
빨리 돌아가서
이 음모를 밝혀야 하는데
발이 떨어지지 않네
꿈이 깨어지지 않네
아! 나 좀 살려줘!
나 좀 잡아줘!

꿈 이야기(여행)

시간과 공간을 마음대로
여행할 수 있는 천사가 틀림없어
어디든 갈 수 있고
산 사람도 죽은 사람도
만나고 헤어지고
왜 공연히 왔다 갔다만 하지
내가 만나는 사람들에게
작은 행복의 씨앗이라도 될 수 있을까
아니면 그들을 불행하게 하는
타락 천사인가
알 수 없네 여기가 꿈인가 아니면
거기 꿈속이 진짜 꿈인가
카르마(Karma)는 왜 늘 이렇게 헝클어져서
분간이 안 되는지 알 수 없는데
내 성체(Aether)는 어느 바르도(Bardo)를
배회하고 있는 걸까
빨리 깨어나야 하는데 늦으면 안 되는데
이생에서 너무 멀리 왔나 내가
경계를 넘으면 안 되는데

이상형(理想型)

누가 뭐라 해도 내 이상형은 이탈리아
시인 단테(Dante Alighieri)의
신곡(La di vina commedia)에서
천국을 함께 여행하는 "베아트리체(Beatrice)"지
피렌체(Firenze)의 단테가 그녀를 따라 산책하던
베키오 다리(Ponte Vecchio)도 걸어보며
그녀를 상상도 해 봤으니까
하지만 영화를 좋아해서
아일랜드의 독립운동을 배경으로 한
"라이언의 처녀(Ryan's Daughter)"의
술집 주인의 딸 천진난만한 "로지(Rosy)"를
사랑하게 되었고
그다음에는 "닥터 지바고(Dr. Zhivago)"에서
시인 "유리(Yuri)"를 사랑하는 "라라(Lara)"가
내 이상형으로 바뀌었지
하지만 콩깍지가 씌어서
이상형보다 더 멋진 처자와
연애하고 결혼해서 아이도 낳고
지지고 볶고 살다 보니
콩깍지도 하나씩 벗겨지고 차츰
제정신이 들고 나서 보니 아니네
나만 빼고 친구들 모두
이상형 처자들을 차지했으니
아이고! 이를 어쩌나! 허깨비가 되었으니
나를 빼시다니
하나님도 참으로 무심하시지!?

후회(My way)

유명했던 미국의 팝가수
프랭크 시나트라(Frank Sinatra)는
내 하고 싶은 대로 다 하고 살았다고
"I did it my way"를 노래했는데
누가 정말 후회 없이
하고 싶은 대로 다 하고 살았다고
말할 수 있을까
또 한 해가 바뀌고 나니
한없이 밀려드는 회한으로
잠을 더 설치게 되는데
그 젊은 시절엔 왜 생각을 못 했을까
왜 남다른 길을 가게 되었을까
그만큼이 최선이었고
그 일이 정말 하고 싶은 일이었을까
지금처럼 살게 될 줄 알았을까
어느 길이 성공인지 좌절인지 실패인지
그때도 몰랐지만
지금도 알 수가 없는데
해마다 봄이면 만발하는 그 수많은 꽃은
지고 나면 기뻐할까
허망하게 절망을 할까

행복

참으로 다행입니다
상어나 고래로 태어나지 않아서
그 깊고 망망한 어두운 바다를
헤매고 다니지 않아서 다행이고
아프리카 초원에 영양이나 들소나
시베리아 숲에 호랑이로 태어났다면
아니지! 다른 여린 미물(微物)이었으면
얼마나 힘들었을까를 생각해 보니
내가 나로 태어나 다행이고 행복합니다
후회도 미련도 없이
망구(望九)가 되어 뒤돌아보니
풍족하지는 못했지만
거친 음식일망정 굶을 걱정은 없었고
죽을 만큼 아프지도 않았고
욕심껏 많은 일로 성취도 해봤고
여러 번 태극기도 휘날려 봤으니
감사하고 행복할 뿐입니다
이른 봄날이면 따사로운 햇살 아래
봄꽃들을 볼 수 있으니 행복하고
아무 때나 지하철 타고
친구들도 만날 수 있어 행복하고
기다리는 아내가 있는
작지만 넓은 집이 있어 행복합니다
그냥 생각해 보니 행복해서 행복합니다

행복합니다

지구 나이 45억 년 중
인류문명은 겨우 1만 년 전부터인데
우리나라 5천 년 유구한 역사의 끝자락
20세기 중반에 태어났으니
이 얼마나 기막힌 행운인가
물론 광복도 겪고 6 · 25 전쟁도 겪었고 그 덕분에
죽을 고비도 넘기며 모진 고생도 다 해봤고
아직도 전쟁의 공포에 시달리기는 하지만
유학은 못 갔어도 남들만큼 공부도 했고
선진국으로 앞장서는 바탕을 만드는
최일선에서 큰일도 해봤으니 행복하고
살맛 나는 21세기로 넘어와서
마음만 먹으면 어디든 갈 수 있고
가만히 앉아서도 맛있는 여러 나라 음식들도
골라 먹을 수 있는 세상이 되었으니 행복하고
아프면 바로 치료받을 수 있어 행복하고
아직은 마누라 잔소리에 대꾸할 수 있어 행복하고
가까운 친구들 자주 만날 수 있어 행복한데
나라 걱정만 **빼면**
걱정할 일 없어 행복합니다
나는 행복한 사람입니다

때가 되었다 해서
(파도를 보라)

험한 바위에
아니면 모래톱에
끝없이 밀려드는 파도를 보라
해가 진다고 해도 파도는 끊이지 않는다
날이 저문다고 포기할 수 없는 것처럼
또다시 천둥번개를 앞세운 폭풍우가
큰 나무를 뿌리째 뽑는다고 해도
목숨 걸고 감당해야 할 일이다
여태껏 모질게 살아온
험한 날들의 고통 때문에도
그렇게 쉽게 잠들 수는 없어
끝까지 견디어 내야 할 일이다
때가 되었다 해도
결코 포기하지 말아야 하며
무기력에도 끝없이 저항하며
칠흑 같은 어둠에 맞서
고요한 두려움에도 굴하지 말 일이다

때가 되었다 해서
(겨울이 가면)

해가 지면 달이 뜨고
내일에는 또다시 내일의 해가 떠오르고
겨울이 가면 또다시 봄이 오고
봄이면 꽃이 피고
열매가 익어 씨가 여물고
다시 세월이 가서 또 모두 쇠하게 되고
그렇게 때가 되면 가는 거지만
흘러가는 시간 속에서
천당(天堂)도 지옥(地獄)도 윤회(輪廻)도
믿거나 말거나간에
서로의 무명(無明)을 바라다보면서
기다려야 하는 때가 되었다면
긴 숨을 토해 내듯 평안히
아쉬움은 놓아버리고
새로운 기대도 내려놓고
고요함도 무력함도 두려움도
무심(無心)하게 내려놓고
담대하게 대결해야 할 일이다

삶의 의미

나는 알지 못한다
의미가 무엇인지 목표가 무엇인지
따져보지도 않고 살았으니 알 리가 없다
어떤 이는 성공이 목표고
누구는 살기 위해서 먹고
또 누구는 먹기 위해서 산다고
모두 큰소리는 치지만
부모님께서 날 낳으셨기에
무작정 열심히 살기는 했지만
가만히 생각해 보면
부모 속 썩이지 않으려 애썼고
굶어 죽지 않으려 죽도록 노력했고
아내와 자식들에게 목숨 걸고 산 게 단데
알 수가 없지, 하지만
어느 학자는 과학적으로 따지면
삶에는 의미가 없고 그냥 사는 거란다
맞다 삶의 의미는 삶 그 자체일 뿐
공연히 따져 머리 썩힐 일이 아니고
그냥 사는 게 맞다
아직도 그냥 잘 살고 있으면
그게 정답이다

부음(訃音)

황망(慌忙)한 일이네!
한 저녁에 친구의 부음(訃音)이 왔다
나와 한 점심 약속도 잊어버리고
이렇게 빨리 갈 수밖에 없었다니
사람 일이란 참 모를 일이다
하지만 남의 일만도 아니네
몸속에 숨어있던 병들을
제대로 다스리지 못한 탓이겠지
남은 친구들이 더 보고 싶어진다
벌써 반은 가고 몇 안 남은 녀석들
별일 없기를 빌어야겠다
하지만 나를 데려가시려면
맑은 정신일 때
그저 며칠간의 말미를 주시면 됩니다
부족한 남편과 자식들 거두느라
속 썩으며 곁을 지켜온 아내에게
진정으로 사랑했고 또 고맙다고 말하고
남은 빚도 외상값도 마저 갚고
몇 안 남은 친구들과 술 한잔 나누고
마지막으로 손 한번
잡아 볼 수 있으면 그만입니다
마냥 황망할 따름입니다만
그리 알고 있겠습니다
친구여 부디 평안하시라!

그때가 되거든

때가 되어 졸(卒)하거든
욕심도 미련도 버리고
허망한 미래도 포기해서 가벼워진 육신을
얇은 판자로 된 작은 관에 담아
생전에 올라보지 못한
이름 모를 야트막한 어느 산정
양지바른 세석평전(細石平田)에 뉘어다오
이른 아침이면 해가 뜨고
봄이면 풀꽃이 피어나고
겨울이면 함박눈으로 덮이는 곳
보리 이삭 같은 푸른 잔디로 덮고
바람이 늘 쉬어가게 해다오
머리맡 작은 명판에는
"열심히 살다가 이루지 못하고 갔다.
잘들 살아라."라고 써넣으면
무엇이 더 필요하랴.

제2부
나는 누구인가?

해가 지고 달이 뜨고
꽃은 피고 지고 세월은 흘러가서
새로 나고 하나씩 죽어가도
세상은 아무 일 없는 듯 돌아가겠지

나는 누구인가 (세월은 흘러가서)

해가 지고 달이 뜨고
꽃은 피고 지고 세월은 흘러가서
새로 나고 하나씩 죽어가도
세상은 아무 일 없는 듯 돌아가겠지
그렇게 가는 시간 위에서
힘들여 이룬 행복과 감동과 성공은
아쉽고 애석하고 슬픔과 좌절은
눈물겨운 실패는
어느 역사책에나 기록이 될까
누가 있어 기억해 줄까
지금은 주민등록증만이
나를 증명하지만 내가 죽고 나면
호적원부에 **빨간** 줄이 그어진 이름만으로
세상에 흔적으로 남기겠지
어떻게 살았을까
무엇 때문에 살았을까
왜 살았을까 그 많은 날들을
나는 누구인가?

나는 누구인가 (화석이 된 나)

쥐라기의 공룡 화석처럼
내가 화석으로 발견된다면
신기한 화석을 찾았다고 법석을 떨면서
앙상하게 굳어진 뼛조각을 들춰내서
무슨 뼈인지부터 가려야 한다고
DNA 검사가 어쩌고, 성별이 어쩌고,
나이가 어쩌고, 상태가 어쩌고,
어디서 뭘 하던 사람인지 어쩌고
사인이 뭔지 어쩌고 조사를 하겠지만
이제는 알아보는 사람도
찾아 주는 사람조차 없는데
죽어서 화석이 된 내가
뭐 대단한 것을 알려줄 수 있을까
참으로 모를 일이네
지금 살아 있는 내가
하루 종일 밥값도 못하면서
무엇을 하느라 꼼지락거리는지도 모르겠고
왜 이렇게 사는지도 잘 모르는데
나도 잘 모르는 나를 누가 알겠나
나는 누구인가?

나는 누구인가 (알 수 없는 신호)

내 머릿속에서는 끊임없이
이명(耳鳴)으로 알 수 없는 신호가 들린다
아마 NGC224 안드로메다에서 보내거나
아니면 그보다 훨씬 더 먼
CLJ101+0220 은하단에서 외계인들이
날 찾는 신호를 보내는 게 틀림없어서
내 머릿속 764 컴퓨터는
제일 높은 주파수로 회신을 보내느라
온종일 열을 내고 있어서
세상 밖에 소리는 안 들린다 하지만
나뭇잎 흔드는 바람이 느껴지고
땅의 진동과 흔들림이 느껴지고
지구의 회전 속도가 느껴지는데
하는 수 없이 보청기를 끼었어도
외계인들의 신호는 물론이고
낡은 764 PC의 회신도 해석이 안 돼서
내 머릿속은 온통 뒤죽박죽이고
밖에 소리마저 헷갈려 소용없다
그래도 열심히 삼시 세끼 찾아 먹고
멀쩡한 얼굴로 하루를 산다
도대체 저 외계인들이 찾는 내가
누구인지 나도 모르는데
나는 누구인가?

나는 누구인가 (왜 살아야 하나)

한평생이 그리 길지도 짧지도 않지만
세상 별일은 다 겪었다
광복에서부터 철들 무렵에는 6·25 전쟁으로
피난 고생도 해보고 죽을 고비도 다 넘기고
4·19 데모도 6·3 데모도 하고
결혼도 하고, 험한 일도 치르고
회사에서는 맡은 일이 하필이면
남들 안 해본 처음 하는 중요한 일이어서
세상 구석구석 찾아다녀도 보고
미국 유학은 못 했어도
영어 고생시키며 일은 잘했지만
퇴직하고 나니 다 부질없는 일이 되었다
하긴 세상 유람도 했고
책도 몇 권을 내고 했으니
할 만큼 했다고도 할 수 있겠지만
몸은 허약해지고 주머니가 비었으니
다 소용없는 일이고
삶의 목표가 무엇이었는지도 모르겠고
왜 이렇게 살았는지도 모르겠고
머릿속은 혼란스럽기만 한데
니체에게 "왜 살아야 하는가"를 물어봤어야 하나
도대체 내가 왜 나인지도 모르겠는데
나는 누구인가?

밤바다

밤바다와 마주 서 보았지
불빛도 인적도 끊긴 빈 바다에서
보고 싶던 물새들은 없었지
그대 추억마저 묻히고
소리 없이 밀려드는 파도 앞에 무연히 서서
칠흑 같은 어둠이 허(虛)를 메웠지

그때 알았지
끝이 얼마 남지 않았음을

눅눅한 해풍은 진혼곡(鎭魂曲)처럼 서슬했고
끝없이 부서지는 파도와
어둠이 들어차 틈조차 없는 허공엔
허망한 무력감과 노쇠한 생각과
부질없는 회한뿐이어서
인고(忍苦)의 밤바다가 무서웠지

그때 알았지
끝이 얼마 남지 않았음을

겨울 바다

겨울 바다와 마주 섰네
변하지 않는 것은 잃어버린 시간

바다의 시간은 적막했고
파도는 유리 파편처럼 부서져
물새들은 모두 죽고 없었네

보고 싶은 그대 생각
그리움은 차가운 해풍에 떠밀려
파도 위에 반짝반짝 빛났으나
끝없이 차가운 푸른 바다는
깊게 깊게 물이랑을 이루며 퍼져 갔지
얼마 남지 않았네
텅 빈 가슴으로 이제는 가야 할 때

겨울 바다와 마주 섰네
변하지 않는 것은 잃어버린 시간

기다림 1
(카르페 디엠 Carpe Diem, 현재를 즐겨라)

늘 기다리는 일을 즐긴다
한겨울이면 눈이 오기를 기다리고
눈을 맞으면서 복사꽃 피기를 기다리고
또 가을이 오면 겨울을 기다리며
그렇게 나이를 먹어가며 기다린다
나쁜 소식보다는
좋은 소식을 기다려 보지만 늘 그 반대로
가슴 아픈 소식이 먼저 오기 마련이지
멀리 간 친구 소식도 기다리고
막연히 오지 않는 전화를 기다리며
지척이는 시간의 어깨를 떠밀어가며
창밖을 기웃거려가며 기다린다
할 일도 없으면서
문밖을 들락이면서 기다리다 보면
이제야 해가 기울어
하루가 그렇게 가고 나면
오늘 같은 내일을 또 기다릴 일이다
그렇게 목을 **빼고** 기다린 내일이
내 기다림의 끝일지도 모르지만

기다림 2
(메멘토 모리 Memento Mori, 죽음을 기억하라)

사랑하는 사람을 기다리는
달콤하고 흥분되는 기다림도 있고
인생의 진로가 결정될
시험 결과를 기다리는
처연하고 잔인한 기다림도 있고
맨몸으로 한겨울을 견디고 섰는 나무처럼
희망과 열정을 속으로 삭이는
침묵과 인고의 기다림도 있지만
무명(無明)의 시간 속에서
부득불 다가오는 약속 없는
막연한 기다림도 있다
알면서도 모르는 척
그러나 분명하게 정해진 그 끝
얼마 남지 않았음을 알기에
차라리 평안한 기다림도 있다

투명 인간, 나는 없다

나는 없다
식구들 가슴에도 없고
집에도 없고, 직장에도 없고
도서관에도 없고, 노인정에도 없고
공원에도 없고, 지하철에도 없다
술을 안 마시니 술집에 갔을 리도 없고
이상하다 아무 데도 없다
갈 곳도 없고
부르는 사람도 없고
찾는 사람도 없는데
무작정 친구 찾아 나섰을까 아니면
산으로 갔을까
강으로 갔을까
가까운 서해 바다로 갔을까
아니면 동해 바다로 갔을까
나는 이제 없다
어디에 있어도 알아보는 사람도 없고
찾는 사람도 없이 있어도 없고
없어도 없는 사람이 되어가서
마침내 그렇게 투명 인간이 되었다

길 위에서

삶에는 진창길도 있고 비단길도 있다
프랑스 샹송(Chanson)을 좋아하는데
"작은 참새(Edith Piaf, 1915-1963)"의
"아니요, 난 아무것도 후회하지 않아요.
(Non, Je Ne Regrette Rien)"을
제일 좋아하는 이유가 있다
험난했던 자신의 삶을 변명하지 않고
세계 최고의 가수가 되었다
그 반대로 2차 세계대전이 끝나고
뉴른베르크(Nrenberg) 전범재판에서
한 열성 나치(Nazi) 당원은
사형 선고를 받고 최후진술에서
"나는 후회하지 않는다.
(I Regret Nothing)"고 했다
삶은 늘 수많은 길 위에서
잘했든 잘못했든 자신의 선택이기에
되돌아 후회해도
돌이킬 수 없음을 명심해야 한다
파란만장했던 자갈밭 길을 지나왔지만
내가 택한 길 위에서 최선을 다했기에
"Non, Je Ne Regrette Rien."
"I Regret Nothing."
후회는 없다.

약장(藥欌)

어머니는 안방 한쪽 구석에
늘 약장(藥欌)을 간수하고 사셨다
말이 약장이지 그 속에는
어머니가 아끼는 모든 일용 약(藥)과
박물이며 패물이며 애환과 추억이
구석구석 쌓여 손때가 묻어갔다
어머니가 가시고 나서
그 빈 약장이 내 몫이 되었다
내 방 한쪽 구석에 놓인 그 약장
한동안 손을 댈 수가 없었다
탈상(脫喪)을 한 얼마 후
마른걸레에 기름칠해서 정성으로 닦아내고
아래 칸부터 나누어 넣어도 몇 칸이 남지만
약을 먹을 때마다 공양 드리듯
말없이 그리움을 열고 닫는다
보이지 않는 어머니의 꾸지람보다
인자한 미소가 나를 살지게 했음이
어머니 나이가 다 되니 더 사무치는데
이 낡은 약장에 더 많은 추억과
애환을 담아 곱게 간직한들
누가 대를 이어
이 늙은 약장을 간수하려나

난민(亂民)

여름이면 지천으로 피었어도
쓸쓸하고 조금은 서글퍼 보이는
꺼부정한 개망초꽃
이 땅에 첫 철도 부설을 위해
수입한 침목에 어쩌다 묻어 들어와
천민으로 떠돌다 길목마다
피어난 전설 같은 하얀 꽃
백 년이 지나서도
하얗게 피어 천지를 뒤덮어도
잡초로 홀대받는 꽃
난민이 되어버린 아들 녀석은
이 땅에 개망초꽃을 알기나 할까
남은 부모 마음을 알아는 주려나
타향살이에 늘 가슴이 시릴 텐데
올여름은 무성한 개망초꽃이
유난히 눈에 밟히네

깨어진 꿈

어설픈 새벽잠 끝자락에서
허망하게 깨어진 꿈 어렴풋이
알아볼 수 있을 것 같던 애절한 얼굴도
목적지도 알려주지 않던 고장 난 버스도
왜 다시 왔는지도 모르는
기억도 없는 그 회색 도시도
찾아 헤매던 이유가 무엇이었을까
한잠만 더 잤으면 성공했을 그 꿈
알 수도 없고
막연하기만 한 목표를 갖고 살던
뒤죽박죽 내 인생처럼
뼈저린 좌절을 느끼게 하는 이유도
그렇게 조정하는 힘은 누구인가
느닷없이 남의 삶 속에 들어가서
내가 허우적거리며 길을 잃은 탓인가
한잠만 더 잤더라면
한잠만 더 잤더라면 알 수 있었는데
벌써 날이 샜으니
허망한 하루를 또다시 시작해야겠네
꿈인가 생시인가
참으로 알 수 없는 일이네
생시인가 꿈인가 알 수 없네

무서운 세상

참으로 무서운 세상이 되었다
도깨비, 귀신이 아바타(Avatar)로 변하더니
마침내 인공지능(AI, Artificial Intelligence)을 거쳐
딥페이크(Deepfake)로 가상의 인간을 만들어
혼란과 범죄는 물론이고
전쟁의 양상마저 바꾸어 놓고 있다
선보다 악이 성하게 되고 진실은 거짓에 덮이어
하늘과 신들은 저주받게 되고
진실과 거짓의 구분을 잃게 되었다
눈 깜짝할 사이에 이렇게 변했다
이대로라면 AI는 스스로 학습(Deep Leaning)을 통해
인간과 세상을 통제하게 될 것이고
인간은 무력해져서 퇴화(退化)되고
도태(淘汰)되어 멸종될까 걱정이다
지구가 종말을 맞기 전에 서둘러
인간의 무분별한 욕심과 광기를 자제하고
AI 통제에 지혜를 모아야 한다
핵보다 더 무서운 AI의 진화를 통제해야 하고
우리의 무절제한 삶을 걱정해야 한다
죽어 없어질 모든 것들을 사랑해야 한다
이미 닥쳐오고 있는 세상
무서운 세상이다

폭탄

사람은 누구나 가슴에
폭탄 하나씩은 품고 산다
크고 작고 또는
어떤 종류인지는 알 수 없으나
뇌관에 불을 지피면
순간에 터져 파멸하고 마는
함부로 건드릴 수 없는 폭탄
파란만장한 삶을 살아오는 동안
그 시꺼먼 폭탄을 그러안고
수많은 절망과 좌절 속에서
목 놓아 울며
무릎 꿇고 절규해 가며 참고 살아간다
누구 때문이었는지
무엇 때문에 참아 냈는지
왜 그랬는지 잘 알 수는 없지만
그러는 사이 허망하게 세월은 가서
뇌관은 녹슬고 불발탄이 되었으니
무용지물이 되었어도 여전한 공포의 폭탄
삶의 성패를 알 수는 없게 되었으나
성공한 인생이 다 그렇다
폭탄!
터지지 않았으면 무서울 게 없는
그 인생은 성공한 인생이다

지뢰밭

싸움터(戰場)에서 가장 무서운 것이
적이 숨겨 심어놓은 지뢰밭이다
목숨을 걸고 진격해 가는
절체절명(絕體絕命)의 순간에
목숨을 잃거나 불구가 되어
파멸하게 되는 함정이기 때문이다
삶(人生) 또한 힘겨운 경쟁의 싸움터이기에
한순간도 머뭇거림 없이
목표를 향해 나아가야 하는 곳
예기치 못한 순간
지뢰를 밟아 사고가 났다면
대열에서 탈락해 패배자가 되기 십상이다
하지만 돌이켜 보면
몇 번이나 지뢰가 터져 죽을 것 같았지만
그때마다 상처를 부둥켜안고
포기하지 않았기에
이제 저만치 결승선이 보인다면
우승을 하지는 못해도
완주는 할 수 있다면 누구나
자랑스러운 완주 메달을 목에 걸 일이다
지뢰밭 인생!
미리 두려워할 일만은 아니다

생명의 신비

생명이란 참으로 신비하네
지구가 생겨나고도 10억 년쯤 지나서야
단세포 유기체가 생겨났고
그러고도 알 수 없는 시간 속에서
뉴런 2개가 연결되어서
비로소 자극에 반응을 시작했다는데
40억 년이 지난 지금 이 세상에는
수많은 생물이 살고 있는데
그마다 사는 목적이 무엇일까
뇌세포의 10% 정도를 쓴다는 사람은
과학이네 철학이네 예술이네 하며
기를 쓰며 연구한 덕분에
세상은 살기 편해졌지만
자연은 파괴되고 자원은 고갈되어 가는데
죽고 죽이는 무서운 일이며
전쟁은 날로 잔인하게 공포를 더해만 간다
이 통제 불능의 신비한 생명체들, 사람들
본래의 목적이 무엇이었을까
스스로 통제할 수는 있을까 아니면
어느 한날 빅뱅처럼 붕괴해서 없어지고 말까
생명의 신비는 알 수 없고
자연의 신비도 알 수 없어
무심한 듯한 자연이 무섭네

희망과 환상 사이 (희망을 가져라)

세계대전 후 서양에서는
잃어버린 세대(lost generation)가 있었다
모든 가치를 상실하고
절망과 허무에 빠져버린 젊음들이었지
하지만 전쟁을 겪고 일어선
우리는 아니다
언제나 경쟁은 치열해서 삶이 힘들어도
희망을 버리지는 않았고
전선의 병사들처럼 한 걸음씩
고지를 향해 나아갔다
담벼락을 기어오르는 담쟁이처럼
산비탈을 덮는 칡넝쿨처럼
포기하지 않는 자가
마침내 정상에 서는 법
희망이 없다고 불평하지 마라
나약하지 말고
스스로 과소평가도 하지 말고 노력해라
그냥 이루어지는
달콤한 희망은 환상일 뿐
환상은 모두의 적이다
희망을 가져라
우리에게 잃어버린 세대는 없다
노력하면 꿈은 언제나 이루어진다

희망과 환상 사이 (꿈 깨라고)

삭풍이 매서운 겨울날
봄이 어서 오기를 바라는 일이나
첫사랑을 만나
첫 입맞춤을 기대하는 일이나
열심히 일하면서 여름 휴가로
파리 여행을 꿈꾸는 일은
다 가슴이 뛰는 희망 사항이지만
돼지 멱따는 소리를 가지고
멋진 가수가 되겠다고 한다든지
공부하고는 담을 쌓고도
좋은 대학 가겠다는 헛소리나
아무 노력도 안 하면서
누구처럼 성공하겠다는
바람 같은 일은
이루어질 수 없는 환상일 뿐이지
다만 남보다 더한 노력으로
스스로 만들어 가기만 한다면
환상도 작은 희망일 수는 있는데
꿈 깨라고
꿈에서 깨어나라고

훈장(勳章)

두려워하지 마라
무릎이 꺾인다고 포기하지도 마라
부대끼고 상처를 주고받으며
날이 가고 달이 가서
상처는 진물이 나고 곪기도 하고
진통제도 먹고 항생제도 먹으며
죽도록 싸우듯이 참고 견뎌내야 하느니
시간이 가면 상처는 아물어 살아지는 거다
아무도 돌보지 않는 나무들을 봐라
혹한의 겨울을 맨몸으로 견디면서도
봄이면 가장 예쁜 꽃을 피우고
가늠할 수 없는 천둥번개와 태풍
세찬 비바람을 견디고
또다시 겨울이 되면 언 땅에서 맨몸으로
세상과 마주 서지 않느냐
동백꽃 떨어진 상처 같은 흔적은
살아온 날들의 훈장이란다
이제는 녹이 슨 철십자 훈장
가장 치열했던 세상
그 전장의 상처을 안고
그렇게 잊혀가며 살아내는 거란다

동안거(冬安居)

그동안 수도사들은 무슨 생각을 할까
잃어버린 소소한 일상을 아쉬워할까
부귀영화 속에 못다 한 환락을 꿈꿀까
죽음에 관한 하늘의 철학을 고민할까
계속되는 코로나-19 방역 상황에서
그보다 몇 배가 되는 동안이나
전화도 멀어지고, 대면도 없이
면벽 고행을 했는데
중생들이 아직도 백신주사 기다리듯이
줄 서서 속죄를 다 못해서
하늘이 아직도 화를 못 푸셨나?
혼자서 면벽하고 고해성사도 하고
아무렇지도 않은 일상이 행복이라서
감사 인사도 드렸는데
곧 문 열고 기지개 켜며 세상을 만나
친구도 찾아갈 수 있게 하시겠지
고만 끝낼 때가 되었는데
그럼 벌써 끝낼 때가 지났지
벌써 겨울도 끝나가는데

이제야 알겠네

어디서 오는 걸까
하늘이 무너지고 땅이 꺼지는 일은
슬픔보다 공포일 테고
사랑하는 이를 잃는다면
이는 마지막으로 오는 큰 아픔이겠지만
무시하고 지나치던 사소한 일들이
텅 빈 시간 속에서 느닷없이
가슴이 저려오고
눈시울이 뜨거워지는
슬픔으로 살아나는 일
이제야 알겠네
그리움도 슬픔이 되고
외로움도 슬픔이 되고
단절도 고독도 슬픔이 되고
눈물도 슬픔이 되고
미움도 슬픔이 되고
사랑도 슬픔이 되어
세상이 온통 슬픔인 것을
이제야 알겠네

바람이었네

하늘이 열리고
땅이 열리던 바람이었네
봄이며 목련꽃 벙글 무렵
몽글게 스치고 가던 바람
억수로 내리는 빗속을
헤집고 돌아치던 바람
세상이 열리던 그 순간부터
알 수는 없었어도
저려오는 빈 가슴으로
차마 곁을 떠나지 못하고
감돌고 휘돌아 부서지던 바람이었네
너는 황량한 들판에서도
혼자서 버티고 선 한 그루 나무였고
나는 덧없이 흩어지는 바람이었네
소리 없이 너를 흔들고 지나가는
바람이었네

살고 싶으면

힘 안 들이고
할 수 있는 일은
숨 쉬는 일과 낮잠 자는 일이고
그냥 되는 일은
맥없이 나이 한 살씩 더 먹는 일과
느닷없이 죽는 일이지
잘 살고 싶으면
열심히 노력해야 하고
행복하게 살고 싶으면
무엇에게나 감사해야 하고
누구에게나 감사해야 하느니
네 적에게조차도 감사해라
네가 아직 살아있으니까

선을 지켜라

세상에는 딱 한 가지 원리가 있다
태양과 지구가 서로 밀고 당기고
지구와 달도 서로 밀고 당기듯이
선을 넘지 않고
균형을 유지하는 일이
중요하고 어렵다
사람들도 서로 밀고 당기는 사이에
적당한 관계가 유지된다
가족도 친구도 같다
사랑하는 사이에서는
힘의 강도를 조절하여
선을 유지하는 일이 더욱 그러하다
당기는 힘이 세면 충돌하고
미는 힘이 세면 이별을 해야 한다
서로 가깝게 선을 잘 유지하면
해와 달처럼 평생이 행복할 수 있는데
혼자서는 불가능하다는 걸 알아야 한다
누구에게나
사랑이 그래서 어렵다

기다려 봐야지

아무리 기다려도 안 되는 일
인력으로 안 되는 일도 있지
매몰차게 돌아서 간 그 사람도 그렇고
12월 마지막 달 달력을 걸어 놓고
아무리 기다려도
지나간 세월은 안 돌아오지만
그래도 기다리지 않아도 오는
봄소식도 있고
어찌하다 보니 또 한 해가 가서
아무리 숨겨도
꼬박 먹어야 하는 나이도 있고
어느 먼 훗날 아무리 용을 써도
백약이 무효라서
병들고 힘 빠지는 날이 있는 거지
여태껏 무엇을 기다렸나
그 수많은 날과 사연들
대단해 보이던 그 많은 것들
이제는 다 소용없는데
그래도 기다려 봐야지
빈 마음으로 기다려야지
삶이 끝나는 그 마지막 날까지는
기다려 봐야지 그냥 조용히

세상은 공평무사

우주 속에 자연은
만유인력처럼 언제나 한결같아
공평무사하지만
너와 내가 다른 것처럼
사람 사는 세상은 달라서
서로 다른 능력을 갖추고 태어나기에
냉정하고 비정해서
공평하지도 평등하지도 않지
그런 세상에 태어났으니까
삶은 스스로 네가 책임져야지
그래도 위안이 되는 것은
햇빛도 공기도 죽음도 공평해서
그나마 다행이지

세상은 약육강식

세상은 공평하지 않다
환경과 타고난 성품에 따라
몫은 정해지기 마련이어서
약육강식의 경쟁은
노력하지 않는 이에겐
절망과 공포겠지만
어디에도 자비는 없고
눈속임일 뿐이다
절망하지 말고 항상 노력해라
기회는 예고 없이 지나가는 법
지나가는 기회는
늘 아무나 잡는 사람의 몫이다
그리고 늘 감사해라
힘겨운 불운까지도
왜냐하면 넌 아직 살아있으니까

제3부

인생은 아름다워

청춘은 식지 않는 열정으로 살면
그것이 바로 끝없는 청춘인 것을

인생이란 알 수 없는 거야

내가 앞일을 어찌 알겠어
잘못 배달된 편지 같기도 하고
번호를 잘못 짚은 복권 같기도 하고
끈 떨어진 연 같기도 하고
어릴 적에 길 잃어버려서
집을 찾느라 반대 방향으로 가서
온종일 낯선 동네를 헤매던 생각이 나네
무서웠지만 울 수도
그냥 포기할 수도 없었지
그런데 모르겠어 생각이 안 나네
지금 생각해도 어떻게 집을 찾아왔는지
그런 거야
알 수 없는 거야
써놓은 각본도 없고 정답도 없거든
계획해 봐야
매번 허탕 치는 복권인 거지
그러나 모든 책임은 절대로 면할 수도 없고
언제라도 종점이 돼서
바로 내려야 한다는 거지
인생이 그런 거래도

알 수 없는 거야
내가 앞일을 어찌 알겠어

인생이란 (할머니들은)

알 수 없는 거야
내가 앞일을 어찌 알겠어
옛날에 할머니들은
무당(巫堂)이나 점술(占術)집에 가서
길흉(吉凶)을 묻고 복(福)을 빌었지만
요즘에도 많은 사람들이
교회나 절에 가서 기도를 드리고
스스로 위안으로 삼겠지만
전능하신 신(神)이 있으면 뭐 해
신은 전능하실지 모르지만
너에게만 세상 비밀을
가르쳐주는 것도 아니고
세상이 어떻게 변해갈지도 모르고
앞으로 어떻게 살아야 할지도 모르는데
그냥 능력껏 열심히 살면 되는 거야
불평 불만하지 말고
욕심내지 말고 살라고
그러다 보면
잘돼서 성공할지도 모르니까
앞일은 알 수 없는 거라니까
내가 앞일을 어찌 알겠어

인생이란 (믿든 안 믿든)

알 수 없는 거야
내가 앞일을 어찌 알겠어
사는 일이 힘들고
덧없다는 생각도 들어
그래서 죽음도 생각해보게 되는 거지
그래서 천당, 극락, 저승, 지옥이라는
고정 관념에 매이게 되는데
잘 모르겠네
그런 곳이 있는지 없는지
아무도 가본 사람도 없기에
난 안 믿어 하지만
서양에도 애프터 라이프(After Life)라는
그럴 듯한 말이 있기는 한데 역설적으로
내세(來世)를 믿든 안 믿든
내세를 위해 지금 이승에서
열심히 살자는 역설이지
삶이 힘들고 불만스러워서
내세를 믿고 싶어 하는 거고
그래서 인생은 더 고달파지는 거지
알 수 없는 거야
내가 인생을 어찌 알겠어

인생은 아름다워

정말 다행하고 대단한 일이야
불행했던 과거는 잊어버리고
대한민국에 태어나
우여곡절 힘든 날들 다 견디어 내고
살아남아 이 좋은 세상을 보다니
바라던 대로 행복한 일이야
전쟁의 폐허 속에서 며칠씩
끼니를 거르기도 했었는데
모두가 부러워하는 나라 되었네
좋은 먹거리도 풍족하고
편리하고 깨끗한 시설들
좋은 물건을 만들고 나누는 사람들
훌륭하게 세상을 앞서가는 젊은이들
우리가 선진국 되었으니
이보다 더 좋은 세상이 어디 있겠나
그늘진 구석이 더러 있기는 해도
서로 도와가면 될 일이지
힘겨웠던 우리 인생도 아름다운 거야
아름다운 인생 행복이 따로 없네

청춘(靑春)

그래! 청춘
내게도 있었고 친구들도
그렇게 불리던 시절이 있었지
혈기 왕성해서 물불 안 가리고
나대던 그런 시절이 있었지
누구도 피할 수 없이 앓게 되는
열병 같은 거니까
어디든 날아갈 수 있는 파랑새 같고
모두 이룰 수 있을 것 같은 착각 속에서
가슴 설레던 그 시절을 청춘이라 했지
저 앞에서 손짓하던 밝은 불빛 같은 깃발
그 빛을 쫓아 좌고우면 없이
달리고 달렸는데
세월은 쏜살같아서 지나고서야 알았지
청춘은 내리지 못하고
지나가 버린 정거장 같은 것
날아가 버린 풍선 같은 허상이지만
그래서 알았지
청춘은 식지 않는 열정으로 살면
그것이 바로 끝없는 청춘인 것을
그때는 알지 못했지

사랑은 시냇물처럼

왜 그런지 몰랐지?
시냇물이 왜 늘 흘러만 가는지를
강물도 쉬지 않고 흘러가는지를
고인 물은 썩으니까 흐르는 거야
바다도 봐라
쉬지 않고 밀려드는 파도
하얗게 부서지는 물결을
바다도 그 큰물을 계속 흔드는 거야
잠들면 안 되니까
사랑도 마찬가지야
시냇물처럼 쉬지 않고 흘러야 하고
파도처럼 쉬지 않고 부서져야 해
화분에 꽃들을 정성껏 돌보듯
끊임없이 물을 주고 가꿔야
예쁜 꽃도 피고 열매가 익어가지
내버려 두면 곧 목이 말라 시들고 말어
사랑은 흐르는 시냇물이고
사랑은 늘 목이 마른 꽃이야
사랑은 잠들면 끝이야

너에게

살갗을 스치는 작은 열기에도
온몸이 타들어 가는 듯한
뜨거운 열정으로 살 수 있고
정의를 가장한 작은 불의에는
의연히 마주 서서
함께 피 흘리며 저항할 수 있고
서슬한 작은 슬픔에도
가슴 찢어지는 아픔으로
함께 공감할 수 있는
담대함을 배워라
그리하면 너는
높고 푸른 하늘처럼
넓고 깊은 바다처럼
장대한 산맥처럼 살아질 것이다

너는 나에게

너는 나에게
끝없이 밀려들어
바위를 덮치는 파도처럼
내 가슴에 그리움으로 밀려와 다오
그도 부족하거든
밤하늘에 쏟아지는 별들만큼이나
내 가슴에 서러움으로 쏟아져 다오
그도 아니면
서늘한 바람에 온 천지가
붉게 물드는 단풍이듯
나를 외로움으로 물들여 다오
너는 나에게
나는 너에게
북받치는 그리움으로
서러운 외로움일 뿐인 것을

꿈을 키우다

햇빛 쨍쨍한 텃밭에서
오이 넝쿨은 노란 꽃으로
파란 꿈을 키우고
돌담에 기댄
토마토 모종의 노란 꽃에서는
빨간 꿈이 자라고
텃밭에서 풀 매는 나
구슬땀 흘리며
무지개 꿈을 만들어 가는데
안마당에 노란 병아리들
댓돌에서 졸고 있는 저 검은 강아지
무슨 꿈을 꾸고 있을까

이유 1(알 수가 없네)

시작이 있으면 끝이 있고
결과가 있으려면 원인이 있어야 하는데
통 알 수가 없네
태어난 이유를 모르니
왜 살아야 하는지도 모르겠고
어떻게 살아야 하는지도 모르면서
그냥 열심히만 살고 있으니 문제네
답답하기만 해서
법당에 가 물어봐도 모르겠고
예배당에 가 물어도 모르겠는데
얼간이들을 300명씩이나 뽑는
국회의원이라도 한번 해 볼걸 그랬나
아니면 홀딱 벗고 사는 아프리카 오지나
아마존 정글 속에나 가서 살걸 그랬나
그래도 큰 죄 안 짓고
삼시 세끼 거르지 않고 살아
별로 잘못한 일은 없으니
기다려 보면 알겠지
날 데려갈 때쯤에는 알게 되겠지
이유를 깨닫게 해 주겠지

이유 2 (이유가 있는 거야)

다 이유가 있는 거야
오늘이 가니까 내일이 오는 거고
겨울이 가니까 봄이 오는 거야
익은 감이 그냥 떨어지는 게 아니야
한여름 땡볕에서
비바람 천둥 번개를 수없이 견디고
찬 서리를 맞아가며
익기를 기다렸다가
꼭지가 여물어야 떨어지는 거지
열심히 노력하며 기다려야
성공도 하는 거고
부자도 되고
출세도 하게 되는 거지
그냥 되는 일은
멍때리며 눈이나 껌벅이는 일과
숨 쉬는 일밖에 없지
다 둘러봐라
애쓰는 만큼씩 되돌려받는 거야
이유가 따로 없다니까 그러니
정신 바짝 차리고 살아야 하는 거야

길을 잃다

태어나는 순간
탯줄처럼 시간은 목에 걸고
죽음은 지고 나왔다
나는 가만히 있고
시간이 가는 줄 알았는데
내가 가고 있네
지도도 나침판도 없이 찾아가
어서 짐을 내려놓아야 하는데
분명 저 멀리 아니면
가까이 있을지 알 수 없는데
종착역은 어디쯤일까
비와 바람 속을 지나왔는데
어디까지 왔는지 알지 못하네
지쳐서 정신마저 혼미해 가는데
폭포수 떨어지는 물소리 들리는 듯하네
바른 길이 있기는 한가
시간의 끝이 있기는 한가
벌판에서 길을 잃었다

고독(孤獨)

꽁꽁 언 작은 호수
혼자서 풍찬노숙(風餐露宿)하던 청둥오리
졸고 있는지
철학(哲學)을 하고 있는지
외로 꼰 주둥이를 죽지에 묻고
미동도 없이 외발로 서서
떠나간 그네를 그리는지
말 못 할 사정이 있는지
나보다 더한
가슴 찡한 사연인지
눈발은 다시 흩날리는데
어스름은 기어 오는데
혼자뿐이네
혼자 서 있네

후회 (그때도 알았더라면)

그때도 알았더라면 의대를 가서
지금쯤 의사가 됐을 거야
아니 군에서 제대를 하지 않았으면
별을 달고 장군이 됐을지 모르지
회사 일도 참 좋았는데
그대로 다녔으면 사장은 했을 거야
그런데 왜 싫증이 났을까
바다에 가면 어부가 되고
농사를 지으면 농부가 되는데
대개는 직업에 따라
사람이 만들어지는 것을
그때는 아무도 가르쳐 주지 않아서
그때는 알 수 없었지
무엇이 되고 싶었는지
무엇이 되려고 했는지
지나고 보니 한세상 별거 없지만
더 잘할 수 있었을 텐데
더 행복할 수 있었는데

신작로(新作路)

우울해서 비가 오나
아니면 비가 와서 우울한가
창 너머로 내려다보이는 신작로
밤이 늦어 텅 빈 길
아스팔트 길 위로
질펀하게 쏟아져 번들거리고
어깨 젖은 신호등 불빛만 껌벅이며
기다리네
밤이 깊도록 말이 없네
빈 가슴도 젖어 가는데
기다려도 오지 않는 편지처럼
가버린 사랑처럼
여전히 빗방울은 창문을 두드리는데
무연히 눈시울 붉어지려 하네
나 흠뻑 젖어 가네 혼자서
텅 빈 신작로처럼

갈대밭

이른 아침
붉은 햇살 반짝이는 강가
흰 갈대밭 외진 길
작은 길
낯선 발걸음 소리에
이슬 털며
참새들 잠이 깨고
서걱이는 갈대 위로
휘적이는 바람 따라
시름마저 흩어지는데
저 너머로
백로 한 마리
무연히 날아 적막을 흔들고
떠나가네 가을처럼
서늘한 바람마저
시린 가슴 흔드네

3월(March)

3월은 고독한 달
고독한 불안으로 잠 못 드는 달
완강히 저항하는 겨울을 달래야 하고
혁명군처럼 밀려드는
녹색 봄기운을 막아야 하는 운명의 달
하지만 대지를 보라
이름 없는 풀들조차 숨죽이며
은밀하게 새싹 틔울 채비를 하고
벚꽃 나무는 소리 소문 없이
정화수 같은 수액을 올리며
먼 가지 끝마디에서부터
꽃눈을 키우고 있지 않은가
기다려라! 3월아!
우리에게는 희망이 있고 태양이 있다
고독한 불안으로 잠 못 드는 3월이여
개벽하듯, 불꽃놀이 하듯
한순간에 꽃피워
너에게 끝을 보게 하리라

봄(春, Spring)

서쪽에서 황사가
뿌옇게 날아들기 시작하면
봄은 벌써 대문 앞에 와 있는 거다
어릴 적 봄은 더 좋았지
立春大吉(입춘대길) 建陽多慶(건양다경)
입춘 며칠 전부터
동네 명필로 이름나신 아버지께서는
한지(韓紙) 여러 장 잘라 놓으시고
지필묵(紙筆墨) 챙겨
방문(榜文) 쓸 준비를 마치신다
입춘(立春) 날 아침이면 우선
대문짝에 비스듬하게 한 장씩 붙여놓고
큰기침 한번 하시고 나서
나를 불러 써 놓으신
입춘방(立春榜) 몇 닢을 말아주시면
나는 신이 나서 아래윗집 뛰어가면서
큰 소리로 인사하고 한 짝씩 나눠드렸다
집집마다 환해져서
우리 동네는 벌써 봄이 왔다
앞동산에 진달래 피고
울타리에 개나리꽃 벙그는 소리
개울가 얼음 녹는 소리 들리면
오늘이 입춘 날이다

봄날

허영과 열기는
투전판에 오기 같고
건 바람은 속 빈 건달들의
늘어진 어깨보다 메스껍고
바람과 기다림은
흘러가는 샘물처럼
손가락 사이를 빠져나가고
나비가 바람을 타는지
바람이 나비를
몰고 가는지는 알 수 없고
장마당에서 헛힘 쓰다
혓바닥 길게 늘어트린 수캐 모양
꽃잎은 맥없이 져서
속절없이 봄날이 가네
허망하게 가네
내 슬픈 봄날이 가네

봄밤

봄밤이 저물어서
강물에 빠진 달이 불어 떠내려가도
서러워 말라
별들이 눈을 감고 어둠을 외면해도
네 소망이 그 궤적을 따라 돌다
무너진다 해도
절망하지 말라
그날과 그날 사이
아무렇지도 않은 그 날도
아침이 오고 한낮이 되고
노을이 지고 어둠이 오고 밤이 되더라
분노도 슬퍼도 하지 말라
네가 지켜보지 않는 시간에도
해가 뜨고 꽃잎은 떨어지나니
재앙과 불행과
비리와 고난과 역경 속에서도
절대로 굴하지 말라
아! 고귀한 꿈이여
날개 꺾인 푸른 희망이여
위로받을 수 없는 봄날에
울고 싶은 캄캄한 밤이여

떠나가는 봄

오방색으로 한바탕 분탕질 치더니
감창소리로 정신을 빼더니
사나흘을 못 넘기고
소슬비에 밤새도록 꽃잎 떨구고

떠밀려 가네 서글프게
말없이 떠내려가네
뒤도 안 돌아보고 고개 숙인 채

어린잎으론 아직 성이 차지 않는데
아직도 못다 핀 꽃들도 남았는데

명치 끝이 메이도록
애잔하게 흘러가네
서럽게 가네 첫사랑처럼
아! 모두가 사랑이었네

가을이 오네

가을이 오네 벌써
강호에 밤비가 지나가고 나니
봄이 왔는데
하늘은 파랗고
나뭇잎들은 밤이슬에 취해 가고
갈대숲은 비단옷을 입고 있네
하얀 구절초가 피었으니
저 달이 지고 나면
저 산 넘어 고갯길에선
노란 산국이 날 기다리겠네
기다려 봐야지
가는 세월 막을 수 있나
가을이 오네 벌써

가을이

바람은 속이 꽉 차 있을까
아니면 텅 비어 있을까
캄캄한 밤은 어둠으로 차 있는 걸까
그냥 어둠으로 비어 있는 걸까
가을은 슬프게 비어 가는 걸까
환희의 기쁨으로 충만해 가는 걸까
그리움이 안개처럼 피어나는
이 가슴이 맑게 걷히고 나면
텅 빈 먼 수평선이라도 보일까
소슬한 바람 불어 스산한 빈 들판도
무연히 깊어 가는데
마냥 그렇게 깊어 가야 하는 걸까
가슴은 비어 가는 걸까
가득히 채워 가는 걸까

겨울

가슴 깊이 잠든 작은 정원
가지 끝에서 시들어 버린
붉은 장미꽃 송이 하나 걸려 있네
찬란하게 빛나던 꽃들의 시간도
칸나의 붉은 꽃잎 작열하던
뜨거운 여름 한낮의 오후도
들판에 지는 황금빛 노을도
코스모스 흔들리는 바람결에
가을도 모두 기울어 가더니
깊은 잠에 묻혀 버렸네
나를 불태우던 뜨거운 사랑도
너를 깨울 수 없어
깊어진 시름과 하염없는 외로움마저
온기를 잃어버리고
천천히 깊어가네
꿈마저도 스러져 가네 이 겨울에
사랑마저도

겨울이 좋다

겨울이 좋다
추워서 그렇고
칼바람 부는 밤이 무서워서 그렇고
너무 외로워서 그렇다
꽁꽁 얼어버린 강가에서
쩍쩍 갈라지는 얼음 우는 소리
가슴이 저려오는 소리
캄캄해서 더 쓸쓸한 밤
눈 내리는 그 밤길 혼자 걷다 보면
차츰 스며드는 한기에서
어둠의 공포보다 더한
죽음의 냄새를 맡게 되리니
혼자여서 더 추워 그렇고
적막강산이 무서워 그렇고
모두 소리 없이 죽어가서
텅 빈 겨울이 좋다

겨울이 길었으면 좋겠다

골목 끝에선 메밀묵 장수 소리 들려오고
깊은 겨울잠 길게 잘 수 있어 좋고
온 산에 나무들도
늙은 반달곰도 다람쥐도 개구리도
겨울잠 오래 잘 수 있어 좋고
창틀에 소리 없이 하얀 눈 쌓이고
장독대에도 소복이 쌓이고
감나무 까치밥에도 쌓여 좋고
섶다리 눈 밟을 사람 없어 좋고
종묘 안뜰엔 더 깊은 정적 쌓이고
강물도 꽁꽁 얼어 좋다
칼바람 소리에 가슴은 시려오지만
깊은 잠에 빠진 앙상한 숲이
너무 쓸쓸해서 좋다
겨울이 길었으면 좋겠다
오지 않는 사람 기다릴 수 있어 좋고
외로워서 혼자 울 수 있어 그렇고
오지 않는 눈 오늘도
눈 빠지게 기다릴 수 있어 좋다

가는 세월

세월이 가네
가는 세월 막을 수 없다 했는데
철모르던 시절에는
하고 싶은 게 너무 많아서
더딘 세월에 속이 상했었지
군대도 마치고 장가도 가고 나서
회사 생활에 정신이 팔려서
어느새 30이 가고 40을 넘어서
50줄에 별을 달고 벌써 끝나고 보니
세월이 이리 빨리 간 줄 몰랐지
그 후로도 별수 없이 세월은 가서
망구(望九)가 되었으니
무엇을 탓하겠나
누구 탓을 하겠나
가는 세월 잡을 수도 없고
오는 세월 막을 수도 없는데
잠 안 오는 밤은 길기만 하고
여전히 세월은 쏜살같이 가고
기다림은 길기만 한데
밤은 깊어만 가고
세월은 여전히 가네

세월이 가네

군대를 다녀오면
그냥 어른이 되는 줄 알았지
대학을 졸업하면
예쁜 여자들이 줄을 서는 줄 알았고
회사에 들어가면
금방 진급해서 별을 다는 줄 알았고
모든 일이 마음먹은 대로
그냥 이루어지는 줄 알았지
급행열차 일등석이 내 자리인 줄 알았는데
세월이 가면서 알게 되었지
삼등칸 입석도 간신히 차지해서 다행인 것을
하긴 처음 살아보는 인생
내가 어찌 알았겠나
가르쳐 주는 사람도 물어볼 사람도 없는데
모두가 처음이라 잘 모른다는데
그래도 세월은 잘도 흘러가서
아무리 애를 써도 되돌릴 수 없는데
아무리 용을 써도 되돌릴 수 없는데
막무가내로 세월이 가네
되돌릴 수 없는 인생이 가네

제**4**부

친구 생각

꿈같이 지나간 세월 속에서
찬바람 시린 가슴으로 파고드는
친구들 생각에
겨울밤 혼자서 마냥 깊어만 가네

어릴 적 헤어진 친구들

지금쯤 어디서 어떻게 살고 있을까
군대에서 짬밥을 같이 먹던 동료들은
지금도 삼거리 막걸릿집을 기억하고 있을까
아마 오래전에 잊었을 거야 나를
직장에서 오랫동안 정을 주고받고
힘들 때면 술잔도 함께 기울였던
선후배 동료들은 무사하겠지
세월 따라 하나둘 소식 끊어지고
이리저리 이사 통에
연락도 끊어지고 멀어져서
끈 떨어진 연이 되고 말았는데
가슴 허하면 뜬금없이 생각나는 얼굴들
보고 싶은 인연들
꿈같이 지나간 세월 속에서
찬바람 시린 가슴으로 파고드는
친구들 생각에
겨울밤 혼자서 마냥 깊어만 가네

친구 생각

죽음은 생각지 못할 때 찾아오는 거야
먼저 간 친구들이 다 그랬어
아파도 아프다 하지 않았고
병원 다니면서도 말이 없었지
연락이 뜸해지기는 했지만
우린 늘 그러다 말다 했으니까
남은 친구들은
겨울이 가고 새봄이 오면
다소 힘들이 날지 모르지
아니지 또 생각지도 못한 소식이 와서
슬프게 할지 모르겠네
떨어지는 낙엽을 걱정하기도 했고
멀어져 가는 기억을 탓하기도 했고
하지 않던 헛웃음을 치기도 했으니까
의욕을 잃으면 안 되는데
하나씩 전화를 돌려 안부도 묻고
흰소리도 해가며 같이 가자고
다짐도 해두어야겠다
두루두루 보고 싶네
어서 서둘러야겠다

외롭다는 것이

누구나 마주하는 감정이고
아무 때나 나타나서
마음을 산란하게 흔들어 놓는다
공연히 심란해지고,
술 생각이 나기도 하고
그 님의 얼굴도 보고 싶고,
눈시울이 붉어지려고도 하지
가만히 생각해 보면 다 부질없는 일
마음이 한곳에 집중하지 못했기 때문이지
하지만 떨쳐버릴 일은 많지
우선 청소부터 시작하고,
밀린 빨래도 하고,
햇볕에 나가 운동도 하고, 그도 싫으면
음악이라도 틀어 놓고
쓴 커피라도 한잔 타 놓고
창밖에 푸른 하늘을 보고 있노라면
외로움은 벌써 저 멀리 떠났을 터
그놈은 내 안에 있는 허깨비라서
바람 불면 늘 흔들리게 마련이지
별것도 아닌데 말이야
그거 별거 아니야
그거 별거 아니라니까

너만 그런 게 아니야

같이 있어도 그렇고
사람들 속에 있어도 그렇고
시간이 갈수록 더 심해지는 느낌이야
수도승처럼 면벽하고 수련과 극기를
강요당하고 있기 때문이지
전화만으로도 부족하고
인터넷이나 화상통화로는 부족해서
마음과 정을 줄 수도 받을 수도 없어
허전하기만 해서
가슴으로 늙어가는 심정이
바로 그런 느낌이거든
자유를 빼앗긴 지금이 그런 거지
유행병 때문이니까 곧 끝나겠지
그놈이 없어지면 좋은 세상 되겠지
그거 별거 아니야
그거 별거 아니라니까

살아온 만큼이나

견디어 온 만큼이나
상처받은 만큼이나
인정사정없이 커지기도 하는 거야
하지만 시간이 가면
상처가 아물어가듯
세월이 가면 옛 기억이 아물거리듯
차츰 흐릿하게 잊혀가는 거야
그놈을 붙잡고 애태우면 안 되지
다 그렇게 혼자서 삭이며 견디며
험한 세월을 살아내는 거지
입에 쓴 약이 몸에는 좋은 것처럼
그저 눈 딱 감고 삼키면
그거 별거 아니야
그거 별거 아니라니까

외로움

내 한 그리움이 다른 그리움으로
화선지에 먹물이 번지듯 스며드는
애잔한 마음은 어디서 오는지
하지만 알아도 소용없어
어쩌지 못하는 상실에서
떠나보내는 아픔에서
넘을 수 없는 소통의 벽에서
그 아니라도 이유는 많아서
그렇게 번져가는 거지
눈물을 보이지 않아도
어둡고 눅눅한 밤을 지새가며
햇살 같았던 사랑이 없어도

번지듯 스며드는
내 한 그리움이 다른 그리움으로

쓸쓸함이란

함께 있을 때나 혼자일 때도
눈물이 날 만큼
가슴 시리도록 아린 것이지
혼자 눈 덮인 텅 빈 호숫가
부서지는 햇살을 무연히 보고 있을 때도
서걱이는 갈대숲 작은 길을
고개 숙여 천천히 걷고 있을 때
참새 떼가 후드득 날아올라
놀라서 깨어나는 부질없는 상실감이고
더러는 무거운 바람에
파도 소리 묻히는 겨울 바닷가에서
목이 터지도록 소리치고 싶은 심정인 거지
꺼져가는 모닥불 같은 가슴에
찬물을 뒤집어쓰는 듯한 패배감이고
감당할 수 없는 허무함이지
그래도 살 수밖에 없는
무력감 같은 거지

슬픔

떨어지는 꽃잎은 알고 있었을까
지는 낙엽은 얼마나 슬펐을까
바람은 아무렇지도 않았을까
깊어 가는 세월은
목이 메지 않았을까
누런 잎 휘적이며 떨어질 때
흩날리는 너를 쫓아가야 하나
바라보고 있어야만 하나
미진한 아쉬움은 아직도 남았는데
무심히 기울어 가는 노을에
그냥 눈물이 나려는데
세월은 서러움인가
세월은 슬픔인가
가을처럼

사소한 것들 1

새벽잠에서 깨어
아직도 꿈속에 있는
아내의 평안한 얼굴을 보는 일
아침상을 차리며
연신 쫑알대는 잔소리를
건성으로 듣는 일
장마 전에 김치를 담가야 한다며
간을 보라고 성화를 대는 일
한 번도 간 일 없는 휴가를
올해는 가야 한다고
계획을 세우자고 조르는 일이
다 부질없는 일인데
다 사소한 것들인데
진정 행복인 것을
벌써 알았어야 했는데
그때는 왜 몰랐을까?

사소한 것들 2

친구와 나누던 쓴 술 한잔
늘 사람들로 북적이던 지하철
쓰디쓴 에스프레소 앞에서 생각나는 그녀
언덕 양지쪽 오래된 벤치
청계산 바위틈에서 피어나던
노란 산국 한 송이
느닷없이 울려대던 전화벨 소리
양철지붕에서 떨어지는 낙숫물 소리
들창 밑에서 재잘거리던 아이들 소리
아침부터 울어대던 매미 소리
뜬금없이 생각나는 친구들
햇살 쏟아지는 놀이터 빈 그네
별이 빛나던 캄캄한 밤하늘
멀리서 아련하게 들리는 개 짖는 소리
밤새 소리 없이 내리던 하얀 눈송이
공연히 심란해져서
눈시울이 뜨거워지는 늦은 밤
모두 다 사랑인 것을
그때는 왜 몰랐을까?

시간

어릴 땐 시간은 무거워
언덕을 오르는 기차만큼이나
느리게 가서
조바심이 났는데
남은 것이라고는
시간밖에 없는 요즈음
어째서 세월은
하늘로 날아가는
민들레 홀씨만큼 가볍게
잘도 흘러만 가는지
그동안 시간이 이렇게
빨리 가는 줄 왜 몰랐을까
이제는 내 짐도 다 내려놓아
떨어지는 가랑잎만큼이나 가벼워지니
시간이 나를 앞서려 하네
흘러가는 시간을 잡아야 하는데
쏜살같이 시간이 흘러가네
바람처럼 지나가네

바람이고 싶다

바람이고 싶다
봄이면 남으로 불어와
푸른 청보리밭을 헤살 짓는 싱그런 바람
무더운 여름이 지나서
소슬한 바람으로
황금빛 들판을 휩쓸고
코스모스꽃 판을 설레는 바람
무서리가 내린 이른 겨울 아침엔
시퍼런 청무 밭에서
벌겋게 떠오르는 아침 해를 향해
두 팔을 벌리고 온몸으로
맞서는 바람이고 싶다
살아 있는 바람
포효하는 바람이고 싶다

한 송이 매화가 벙글 때

어디서 왔는지는 알 수 없으나
잔설이 남은 양지쪽 가지 끝에서
한 송이 매화가 벙글 때
처음으로 찾아와 헤살 짓는
훈풍 같은 작은 희망이거나
한꺼번에 피어버린 벚꽃을
꽃비로 흩날리는 뜬 바람이거나
아니면 두서없이 살다 가는
헛바람이고 싶었다
아무에게도 누가 되지 않고
연을 맺고 싶지도 않았지만
꾹꾹 눌러 담은 세월이 넘칠 때가 돼서야!
모두가 부질없음을 알았으니
이 텅 빈 벌판
숫 눈밭을 쓸고 지나가는 시린 바람처럼
속 빈 헛바람이었네
모두가 그렇게 헛꿈이었네
그냥 잔가지 흔들고 지나가는
바람이고 싶었는데

계획이 다 있었나 보다

봄은 아주 은밀하게
레지스탕스가 동지들에게 전달한 듯
해님도 모르고 달님도 모르게
겨울 끝자락 가랑비 촉촉이 내리면
기상나팔 소리로 알고
실바람은 남쪽에서
얼어붙은 땅 밑에서부터
수양버들은 제일 먼저 버들강아지를
벚나무는 폭죽 쏘아 올리듯 꽃망울을
들풀들은 아주 작은 풀꽃으로
모두가 일시에 깨어나라고
작전계획을 전한 게 틀림없다
봄은 다 계획이 있었나 보다
진달래 개나리 목련꽃 모두 모두
한꺼번에 피어나라고
꽁꽁 언 겨울 동안 남모르게
봄은 계획을 짜고 있었나 보다
그러니 벌써 봄이지
한꺼번에 봄이지

백로(白鷺)

개울물이 휘돌아가는 물목 댓돌 위
새하얀 백로 한 마리
아까부터 미동도 없이
기품 있는 자세로 집중하고 서 있다
어떻게 알았을까 그리로
송사리와 피라미들이 모여드는지
하지만 일순간에 정적을 깨고
어디서 또 한 마리 백로가 날아들어
치열한 싸움이 시작되었다
죽고 살기를 하는 듯
부리로 쪼고 그 큰 날개를 펄럭이며
태권도 이단 차기를 계속해가며 싸우다가
먼저 자리를 지키던 백로가
먹이터를 포기하고 동쪽으로 날아갔다
새로 자리를 차지한 백로
아무 일 없었던 듯 좌우를 한 번 돌아보고
미동도 없이 저격수처럼 자세를 잡고
잠복에 들어간다
살기 위해선 품위도 인정도 사정도 없는
치열한 경쟁뿐이다

비가 내리면

추적추적 가랑비 내리면
물안개 잔잔한 외진 바닷가
젖은 바윗돌처럼
비를 맞으며
무연히 생각나는
너를 기다리고 싶다
비가 내리면
외진 산골 간이역
모퉁이 텃밭 저만치 홀로 섰는
야윈 자작나무처럼
비를 맞으며
꺼칠한 몸짓으로 찾아올지도 모를
너를 기다리고 싶다
비가 내리면
유리창을 타고 흐르는
희미한 그리움이
빗물처럼 눈물처럼
비가 내리면

끝

시작의 끝은 끝이 끝이고
끝의 끝은 시작인 것은
지구가 둥근 것처럼
모두 서로 맞물려 있기 때문인데
우주는 계속 팽창하기 때문에 끝이 없고
시간의 끝도 없다 한다. 하지만
세상의 끝은 전쟁으로 시작되어도
삶의 끝은 하늘에 달린 일이어서
모든 생물이 나면서 시작해서
죽으면서 끝인 줄 알지만
살아있는 동안 자식을 통해서
명(DNA, 유전인지)을 남기기 때문에
또 다른 시작이 되는 것이고
천수를 누리고 죽더라도
그 끝이 또 다른 시작이어서
천당 아니면 지옥에서 하게 될 것이기에
죄는 짓지 말고 살 일이다
끝은 끝이기 때문에
끝에 가서 애통해해 봐야
말짱 헛일로 끝인 걸 알아야 한다

지진

참 무섭다
하늘이 무너진다는 말이 이런 경우다
땅이 갈라지고 흔들려서
모두 부서지고 무너져 없어졌다
멀리 아이티가 그랬고
가까운 일본은 지진에 쓰나미까지 겹쳤고
튀르키예가 그랬다
하늘이 무너져 내렸다
대홍수 대신 내린 천벌인가 응징인가
수많은 생명이 죽고 다치고
삶의 터전을 잃고 희망을 잃었으니
시간이 지나도 고통의 크기는 줄지 않았고
아픔도 슬픔이 커져 가는데
도움은 줄고 희망도 줄어서
아무도 쉽게 일상으로 돌아갈 수 없네
살아남은 사람들에게는
다시 살아갈 희망과 용기를
하늘에는 용서를 빌고
성난 땅에는 관용을 빌어보자
그리고 함께 힘을 모으자
모두 함께 우리도 도와주자
함께 손을 잡아보자

야간열차

여기가 어디쯤일까?
목적지 없는 기차표를 받아 들고
이른 새벽에 떠난 기차가
산 넘고 물 건너 도시도 지나고
들판도 달리고 터널도 지나는 동안
역마다 사람들이 내리고 또
몇 사람이 타면 기차는 달렸다
어디서 내려야 할까를
조바심해가며 가늠해 보지만
낯선 역에서 떠밀리듯
쫓겨나야 할까를 걱정하며
왜 목적지가 없는지 알 수 없어서
불안하고 초조해지는데
스스로 알아서 내려야 하는가 보다
이 기차가 차라리 나에게
"리스본행 야간열차
(Night train to Lisbon)"였으면
기차는 여전히 남은 승객들을 싣고
땅거미가 지는 어둠을 향해 달린다
언제 내려야 하나!
어디서 내려야 하나!

상사화(相思花)

나는 못 하지
그렇게는 못 하지

이 애달픈 사연을 어이 할 거나
수천수만 년을 피고 지고 했을
처연하게 붉은 저 예쁜 꽃을 어쩌나
임은 가고 없는데
어쩌려고 올해도 또 피었나
가슴 아파 눈물 나려 하네
할머니는 할아버지 생각에
매일 밤 눈물만 흘리셨지만
내가 별이 되는 날이 오면
이별은 차마 견딜 수 없으니
단정학(丹頂鶴)이라도 되어
천년을 함께 따라가야지
상사화처럼 애달픈
끝없는 이별은 하지 말아야지

나는 못 하지
그렇게는 못 하지

꽃길

꽃길이 생각나네
오래전 결혼식을 올릴 때
화동(花童) 둘이 앞에서 꽃잎을 뿌리는
그 꽃길을 걸었지
행복하고 희망찬 꽃길이었지
꿈속에서나 다시 걸어볼 수 있으려나 했는데
늘 다니는 산책길
작은 벚나무 숲길에서
싱그런 봄바람 살랑이더니
꽃비를 뿌려
반짝이는 은비늘처럼 햇빛 비추어
연분홍 꽃잎들 흩날리며
행복한 꽃길이 열리네
천국으로 가는 길이 열리네
이제 가면 언제 다시
이 꽃길을 걸을 수 있으려나
꿈속 같은 이 꽃길
아쉬움 남겨두고 혼자서 가네

나의 꽃

무궁화는 나라꽃이고
아버지는 아무 말씀이 없으셨지만
할머니가 심어 놓으신 감나무
감꽃이 떨어지면 무척 애석해하셨고
어머니는 7월이면 흐드러지게 피는
능소화를 좋아하셨지
나는 좋아하는 꽃이 많은데
벚꽃은 너무 흔해서 그렇고
라일락꽃은 짝사랑하던 그 애가 생각나 싫고
모란은 너무 헤퍼서 그렇고
아그배꽃은 색기가 넘쳐서 싫고
그래서 나는
먼저 간 사람이 생각나는
소복한 여인 같은 꽃
이른 봄 제일 먼저 화사하게 피는
하얀 목련이 좋아
하얀 목련꽃이 으뜸이지

도라지꽃

산자락 비탈진 묵정밭에
할머니는 늘 도라지를 심으셨다
방학이 되어 내려가면
반 그늘진 그 거친 밭에서
기다린 듯이 나를 반기던 도라지꽃
훤칠한 줄기 끝에
단아하고 서늘한 자태로
연한 청자색(靑紫色)과 하얀 꽃들
흰 모시 적삼에 옥색 치마 두르고
일찍 출가한 누이 같은 꽃
이제는 볼 수 없는 꽃
세월이 가도
해마다 여름이면 내 가슴에 피어
고향집을 그리게 하는 꽃
그늘에서 더 파랗게 피어나는
첫사랑 같은 꽃
도라지꽃

풀꽃

봄기운 일기 시작하더니
양지바른 풀밭에서는 벌써
이름 모를 풀꽃들이 앞다투어 피어나네
푸른풀꽃, 봄맞이꽃, 냉이꽃,
긴병풀꽃, 등등…
꽃부터 피우기도 하고
깨알만큼 작기도 해서
자세히 봐야 더 예쁜데
혹독한 겨울 동안 얼지 않고
서둘러 피어난 뜻을 이제야 알 것 같네
봄 들판을 먼저 꾸미려고
지구를 살리려고
묵묵히 한몫을 하는구나
어디에나 피어나서 고운 풀꽃
난 겨우내 거름밖에 못 만들었는데
하늘이 부끄럽네
봄 햇살이 부끄럽네
봄이 다 가기 전에
어서 풀꽃들을 더 찾아봐야겠다

벚꽃 엔딩(Ending)

애석해라
이리 빨리 피고 지다니
하루 피고
하루 비 맞고
다음날 꽃비로 지다니
따뜻한 3월 탓에
봄꽃 없는 삭막하고
잔인한 봄 되었네
옛 고향집 안뜰에
어머니가 심어 놓으셨던 목련
해마다 가슴에 환하게 피어
아직도 봄인데
봄이 서둘러 떠나가네
벚꽃 안녕
벚꽃 엔딩

구절초

소복을 한 누이 같은 꽃
소슬바람을 재촉하는 너
쓸쓸한 "가을의 여인"
중양절에는 꺾어져야 살아서
여인들의 몸이 되는 꽃
산비탈 바위틈
조금은 쓸쓸하게
여기저기 그냥 피어나는
하얀 들국화
눈 감으면 떠오르는
그때 그 시절
지워지지 않는 너 같은 꽃
하얀 꽃 구절초

산국(山菊)

혼자 다니는 호젓한 산길
한 해를 기다린
노란 향기가 나를 부른다
길섶 외진 바위틈에서
비바람과 눈서리를 맞으며
나를 기다린 산국 한 떨기
험한 날들을 참아가며
외로움을 이겨내며 견디어 낸
단아한 영광을 향해
경건한 마음으로 존경을 보낸다
노란 산국 한 떨기
나 너를 닮고자
오늘을 기다렸다
가슴으로 스며드는 노란 국향
가을을 사랑하는 수줍은 꽃이여
나의 산국이여

나뭇잎

바람이 없어도 흔들리고
산까치 날갯짓에도 흔들리고
지나가는 구름에도 흔들리는 나뭇잎
가지 끝에 매달려 무연히
흔들리는 나뭇잎
양지바른 한 녘
허름한 세월이 쌓인 벤치
떨어져 누운 낙엽을 밀치고 앉아
가지 끝에 목을 매고 무심한 듯
흔들리는 나뭇잎을 본다
난 어디에 목을 매고 여기까지 왔나
헛헛하게 흔들리는 나뭇잎 너머
구름처럼 시간은 지나가는데
어찌 하늘은 저리 푸른 걸까

● 해설

창조적 상상력으로 빚어낸 서정주의자의 노래, 현대판 두보(杜甫)의 귀환

— 강정식 시인의 시집 『그해 우리는』의 시세계 —

정 유 지
(문학평론가, 경남정보대 디지털문예창작과 교수)

1. 따뜻한 시선은 소외된 세상을 품는 봄이다.

강정식 시인은 서울대 공대 출신 엘리트 작가다. 서울에서 태어나 서울대학교 금속공학과를 졸업한 후, ROTC 4기로 임관(1968)한 후 육군 중위로 전역한 문(文)과 무(武)를 겸비한 수재다. 현대종합상사에 입사 후 전무로 정년 퇴임한 입지전적인 존재이기도 하다. 서울대 공대 출신, 장교 출신, 대기업 임원 출신답게 사물의 본질을 꿰뚫는 선 굵은 시안(詩眼)을 바탕으로 잠자는 거인, 상상력을 깨워 시 문학 창작을 위한 습작의 엔진으로 활용, 질 높은 작품을 생산해 내는 시적 언어의 경지에 도달하게 되었다. 그 결과, 2001년 종합문예지 월간 『문학세계』 신인상에 당선되어 시인으로 등단하였다. 특히 그동안 습작해 온 작품들을 모아 결국 첫 번째 시집 『나는 누구인가』(2003, 문예진흥원 창작 기금 수혜)를 탄생시키게 되었다. 그동안 다섯 권의 시집과 영문 시집을 출간할 정도로 왕성한 창작활동을 전개한 바 있다. 문학적 향기는 또 다른 감동의 향기를 연출한다. 향기 가득한 감동의 작품군은 휴머니티(Humanity)를 발현시키는 현대판 두보의 문학적 근원지가 되었다. 철학적 사유를 통해 내적 고뇌를 발현시키는 가운데, 맑은 영혼의 소유자인 강정식 시인의 시세계는 독특한 시적 경향을 가지고 있다.

강정식 시인의 시적 세계는 크게 두 가지 경향을 보인다.
첫째, 많은 습작을 통해 쌓아온 시적 내공을 발현하고 있으면서, 선명한 시적 언어 또한 꽃피우고 있었다. 특히 서정성을 그 바탕으로 한 정제된 언어로 엮어내는 시적 역량이 탁월하였다. 시적 대상에 대한 실마리를 자연과 일상에서 찾고 그 해법도 자연과 일상에서 찾고 있다. 타자(他者)의 결핍 원인과 시대 상황의 모순을 해체하고 재해석하는 고유의 응전력(應戰力)으로 작가정신을 함양할 뿐 아니라, 테마별로 제시하는 주옥같은 시어와 방향성을 동시에 가지고 있다. 강정식 시인은 해맑은 서정성을 바탕으로 성찰과 관조의 미적 자세를 시적 모티프(Motif)로 삼고 있다. 아울러 강정식 시인의 정신세계는 눈 속을 박차고 피어나는 복수초 같은 향기가 가득하다. 아울러 자연과 벗 삼아 운치 있는 삶을 살아가는 소시민적 자세를 추구하고 있다.

둘째, '세속의 시시비비를 초월하여 유유자적하는 경지'로 볼 수 있는 달관(達觀)과 관조(觀照)의 시적 자세를 견지하고 있다. 세상의 변화나 어려움에 좌우되지 않는 활달한 식견이나 인생관을 구축하고 있다. 고요한 마음으로 사물이나 현상을 관찰하거나 비추어 바라본다. 강정식 시인은 '현대판 두보'로 명명해도 될 만큼 수없는 퇴고로 빚은 노력의 산물들로 가득하다. '강정식=두보'의 등식이 성립될 수 있는 충분한 시적 자산들이 이를 뒷받침해 주고 있다. 강정식 시인은 사회가 아무리 변할지라도 동요하지 않고 평정을 유지할 수 있는 정신세계를 구가하고 있다. 강정식 시인은 따뜻한 언어로 세상을 품을 수 있는 영혼의 백작이다. 그래서 그의 작품 속에는 희망의 봄이 내재하여 있다. 온기가 느껴질 만큼 따뜻하다. 따뜻함은 부드러움을 상징한다. 부드러움은 강함을 이긴다. 혹독한 겨울을 품는 담대함도 있다. 강정식 시인은 휴머니티를 근원적으로 담보하고 있으면서, 시대적 결핍을 풀어내는 감동의 카타르시스(Catharsis)를 꽃피우고 있다.

  강정식 시인은 가슴 저리는 과거를 회상한다. 「그해 우리는 2. 이별」을 통해 확인할 수 있다.

> 사랑했지/ 끔찍이 서로 사랑했고/ 치열하게 사랑하며 싸웠지/ 하얀 달이 뜨던 그해/ 배꽃은 슬프도록 하얗게 피었고/ 인적도 끊긴 비탈진 과수원 길을 걸으며/ 아무 말도 할 수 없었지/ 사랑이 무엇인지/ 삶이 무엇인지/ 절망이 무엇인지/ 두려움이 무엇인지 알 수 없어서/ 그렇게 우리는 이별을 했지/ 그러나 아무도 이별을 말하지 않았지/ 아무도 말할 수 없었으니까/ 우리는 치열하게 사랑했으니까
>
>   —「그해 우리는 2. 이별」 전문

인용된 작품은 과거 속에 깃든 아름다운 단상을 되찾게 만드는 작품이라 할 수 있다. 초월적 기표인 달과 배꽃을 부각하면서 한계 상황을 극복하려는 초월적 의지와 달관의 경지가 돋보이는 수작(秀作)이라 할 수 있다. 서정적 이미지로 치장한 과거의 초상화를 통해, 사랑의 역설적 소회(素懷)를 진술하고 있다. '치열하게 사랑했기 때문에 서로 이별을 말할 수 없다'는 메시지가 전달된다. 이별이란 고통을 동반하는 아픔이다. 삶은 만남과 이별의 연속이다. 물이 흐르듯 편안한 마음으로 이별을 바라볼 수 있다면, 자연의 순리에 순응하는 달관의 자세를 경험할 것이다.

이별은 예고된 것이 아니다. 가수 김종찬이 부른 〈사랑이 저만치 가네〉의 구절처럼, '나는 죽어도 너를 잊지는 못할 거야~ (중략) 세월아 멈춰져 버려라 내 님이 가지 못하게'의 애절한 이별의 노래가 불현듯 클로즈업된다. 이별은 돌발 상황과 패닉 현상도 유발한다. 우리는 만날 때에 떠날 것을 염려하는 것처럼, 떠날 때 다시 만날 것을 믿는다. 누구나 갑작스럽게 불어닥칠 이별을 극복할 수 있는 초월적 긍정의 자세가 필요하다. 불교의 경전 법화경(法華經)에 '만남에는 헤어짐이 정해져 있고 떠남이 있으면 반드시 돌아옴이 있다'는 '회자정리(會者定離) 거자필반(去者必返)'과 그 맥을 같이 한다. 불교의 윤회(輪廻)와 선이 닿는다. 인연의 의미를 깨우치게 만든다.

시인은 충격의 시대를 회고한다.「Pandemic(유행병) 세상에 살다 보니 1」에서 이를 확인할 수 있다.

> Pandemic(유행병) 세상에 살다 보니/ 머릿속은 비어가서/ 사막처럼 황폐해 가고/ 가슴 속에 물 빠진 갯벌처럼/ 파도를 잃어버려서/ 눈은 총기를 잃고/ 후각은 흥미를 잃고/ 미각은 살맛을 잃고/ 청각은 위험을 감지할 수 없게 되어/ 그날이 그날보다 못해지고/ 오늘은 어제보다도 못하고/ 내일도 오늘 같아서/ 내가 세상을 떠미는가/ 세상이 나를 밀어내나/ 모두 내게서 멀어져 간다/ 세상이 내게서 멀어져 간다/ 푸른 물빛/ 넓은 바다에 가고 싶다/ 아! 푸른 별에 가고 싶다
>
> —「Pandemic(유행병) 세상에 살다 보니 1」 전문

인용된 작품은 전염병 코로나19에 대한 존재적 자각과 사유를 시적 구심점으로 삼고 있다. 코로나19는 코로나바이러스감염증-19(COVID-19)로서 SARS-CoV-2 감염에 의한 호흡기 증후군을 말한다. 코로나19가 팬데믹(Pandemic, 세계적 대유행)

이 되어, 전 인류는 실체를 알 수 없는 바이러스 전염병과 총성 없는 세계 4차 대전을 치렀다. 세계보건기구(WHO)는 전염병의 위험도에 따라 전염병 경보 등급을 1~6단계로 나누는데 그중에 최고 경보 단계인 6단계를 일컬어 팬데믹이라 정의하고 있다. 강정식 시인은 '눈은 총기를 잃고, 후각은 흥미를 잃고, 미각은 살맛을 잃은 시대'의 아픈 자화상을 토로하고 있다. 코로나19시대 '사회적 거리두기'는 모든 업종이 저녁 9시로 영업을 제한하는 등 정부의 코로나 통금시간 부여 덕분에 네온사인 불빛으로 붐비던 도시의 풍경을 사라지게 했다. 더구나 왁자지껄 2차, 3차를 향하던 사람들의 발길을 묶는 수단이 되었다. 어디 그뿐인가. 5인 이상 사적 모임 금지로, 명절 때도 가족 간의 만남을 화상 만남으로 권유하는 시대적 분위기를 유도했다. 마스크를 쓰지 않으면 10만 원 과태료를 부과하는 극약 처방까지 만들었다. 여기서 문화적 강제 수단인 '사회적 거리두기' 속에는 노자의 무위자연적(無爲自然的) 사상이 내재하여 있다.

인용된 '내가 세상을 떠미는가/ 세상이 나를 밀어내나/ 모두 내게서 멀어져 간다/ 세상이 내게서 멀어져 간다'의 시적 진술은 '사회적 거리두기' 현상을 현실감 있게 잘 표현한 경우다. '사회적 거리두기' 운동은 감염경로를 차단하는 효과를 낳아, 결국 코로나 종식을 이끈 제도적 문화 장치임을 엿볼 수 있다. 비대면 상황 즉, '무위'의 삶 그 자체가 코로나19 바이러스의 자연적인 소멸과 평온을 가져오는 삶임을 암시하고 있다. '사회적 거리두기'를 체득한 시적 화자는 한계 상황의 극복 의지를 피력하고 있다.

시인은 자기 진단을 통해 존재적 가치를 구가하고 있다. 「행복」에서 확인할 수 있다.

참으로 다행입니다/ 상어나 고래로 태어나지 않아서/ 그 깊고 망망한 어두운 바다를/ 헤매고 다니지 않아서 다행이고/ 아프리카 초원에 영양이나 들소나/ 시베리아 숲에 호랑이로 태어났다면/ 아니지! 다른 여린 미물(微物)이었으면/ 얼마나 힘들었을까를 생각해 보니/ 내가 나로 태어나 다행이고 행복합니다/ 후회도 미련도 없이/ 망구(望九)가 되어 뒤돌아보니/ 풍족하지는 못했지만/ 거친 음식일망정 굶을 걱정은 없었고/ 죽을 만큼 아프지도 않았고/ 욕심껏 많은 일로 성취도 해봤고/ 여러 번 태극기도 휘날려 봤으니/ 감사하고 행복할 뿐입니다/ 이른 봄날이면 따사로운 햇살 아래/ 봄꽃들을 볼 수 있으니 행복하고/ 아무 때나 지하철 타고/ 친구들도 만날 수 있어 행복하고/ 기다리는 아내가 있는/ 작지만 넓은 집이 있어 행복합니다/ 그냥 생각해 보니 행복해서 행복합니다

—「행복」 전문

　천적과 또 다른 천적이 공존하는 약육강식의 세상에 사는 동물로 태어나지 않게 된 현실에 먼저 감사하다는 직관력의 시적 진술은 만물의 영장 인간이 누리는 진정한 행복의 의미를 성찰하게 만든다. 특히, 감사할 줄 아는 긍정적 삶의 자세를 통해 만족할 줄 아는 넉넉한 생각의 크기가 읽힌다. 굶지 않고 건강한 모습으로 봄꽃을 구경하고, 지하철을 타고 친구들도 만나고, 아내가 있는 작은 집이 있어 행복하다는 소탈한 소시민적 삶의 철학이 묻어난다. 달관과 관조의 자세로 바라본 세상은 강정식 시인에게 있어 행복의 대상이다. 일찍이 아리스토텔레스(Aristoteles)는 좋은 사회에는 세 가지 세계가 있다고 강조했다. '지식과 생산의 세계', '즐기는 세계', 그리고 '관조의 세계'이다. 세 가지 삶을 추구하는 동안 그 귀결점은 '에우다이모니아(Eudaimonia)', 즉 '최고로 번성한 상태'인 '잘 행동함', '잘

살아감(Well being)'에 이르게 된다. 그 최종 상태를 그는 '행복'이라고 정의했다. 인간으로 살아가는 삶 자체를 행복의 순간이라고 여기고 산다면, 이는 피그말리온 효과와 연관되어 있다. 자성적 예언효과(自省的 豫言效果, self-fulfilling prophecy) 혹은 자기최면효과(自己催眠效果, Self-hypnosis Effect)라 한다. 말에는 자기최면효과가 존재한다. 유대인 속담에도 말의 힘을 강조했다. '말이 입안에 있을 때는 내가 말을 통제하지만, 말이 입 밖에 나왔을 때는 말이 나를 통제한다'고 한다. 인간 심리를 가장 잘 반영하는 수단은 두말할 필요도 없이 말이다. 말은 삶의 기초를 이루는 동시에 삶의 호흡과 같은, 즉 방향성을 지닌다. 성공과 행복을 암시하는 말은 명랑하고 에너지가 솟구치며, 달콤한 삶의 향기까지 자아낸다. 실패하는 말은 남과 자신에게 상처를 주는 송곳 같은 뼈아픈 말이다. '말이 씨가 된다'는 속담이 있다. 스스로 행복하다고 여기는 한마디가 '성공으로 가는 자기최면의 성공 암시' 효과를 발화시키는 심리적인 지지대 역할을 해왔다는 점이 중요하다.

시인은 자아 탐구를 위해 「나는 누구인가(화석이 된 나)」의 의미를 자주 설파한다.

쥐라기의 공룡 화석처럼/ 내가 화석으로 발견된다면/ 신기한 화석을 찾았다고 법석을 떨면서/ 앙상하게 굳어진 뼛조각을 들춰내서/ 무슨 뼈인지부터 가려야 한다고/ DNA 검사가 어쩌고, 성별이 어쩌고,/ 나이가 어쩌고, 상태가 어쩌고,/ 어디서 뭘 하던 사람인지 어쩌고/ 사인이 뭔지 어쩌고 조사를 하겠지만/ 이제는 알아보는 사람도/ 찾아 주는 사람조차 없는데/ 죽어서 화석이 된 내가/ 뭐 대단한 것을 알려 줄 수 있을까/ 참으로 모를 일이네/ 지금 살아 있는 내가/ 하루 종일 밥값도 못하면서/ 무엇을 하느라 꼼지락거리는지도 모르겠고/ 왜 이렇게 사는지도 잘 모르는데/ 나도 잘 모르는 나를 누가 알겠나/ 나는 누구인가?

—「나는 누구인가(화석이 된 나)」 전문

인간의 탄생은 우주의 섭리로 이어진다. 우주의 본질은 공허(空虛)다. 그 공허함은 카오스와 로고스의 법칙을 통해 혼돈과 질서가 혼재되어 나타난다. 인용된 작품에서 '쥐라기 공룡 화석'과 시적 화자인 '나'와 동일시하고 있는 가운데 삶의 본질을 탐색하고 있다. 화석의 분석 행위 자체가 무의미한 가치임을 인식하고 '나' 역시 존재의 부재(不在)로 인해 파생된 무의미한 삶의 가치를 진술하고 있다. 결국 공허로 귀결되고 있음을 독백하고 있다. 공은 비었다는 것, 즉 없다는 것이다. 공허의 한자는 빌 공(空), 빌 허(虛)로, '비었다'라는 뜻에 '비었다'라는 뜻을 더했다. '헛되다' 또는 '허전하고, 허전하다'의 뜻이다. 공허는 그냥 비어 있는 것이 아니다. 겉으로 보기에 완성과 완결은 되었는데, 속은 값없이(헛되이) 비어있는 것이다. 채울 수 없는 채로 완성된 상태이고, 돌이킬 수도 없다. 또한 공허함은 결핍을 의미한다. 공허의 반대말은 행복이다. 행복은 가득 찬 상태를 의미한다. 공허함의 존재적 자기 자각을 통해 실존(實存)의 삶을 발현시키고 있다.

시인은 관조의 자세를 취한다.「폭탄」에서 이를 확인할 수 있다.

사람은 누구나 가슴에/ 폭탄 하나씩은 품고 산다/ 크고 작고 또는/ 어떤 종류인지는 알 수 없으나/ 뇌관에 불을 지피면/ 순간에 터져 파멸하고 마는/ 함부로 건드릴 수 없는 폭탄/ 파란만장한 삶을 살아오는 동안/ 그 시꺼먼 폭탄을 그러안고/ 수많은 절망과 좌절 속에서/ 목 놓아 울며/ 무릎 꿇고 절규해 가며 참고 살아간다/ 누구 때문이었는지/ 무엇 때문에 참아 냈는지/ 왜 그랬는지 잘 알 수는 없지만/ 그러는 사이 허망하게 세월은 가서/ 뇌관은 녹슬고 불발탄이 되었으니/ 무용지물이 되었어도 여전한 공포의 폭탄/ 삶의 성패를 알 수는 없게 되었으나/ 성공한 인생이 다 그렇다/ 폭탄!/ 터지지 않았으면 무서울 게 없는/ 그 인생은 성공한 인생이다

—「폭탄」 전문

    인용된 작품은 이성을 잃어버리는 잉여 인간의 틈새에서 고뇌하면서 자성(自省)의 목소리를 빚어내고 있었다. 속내를 드러내지 않고 스스로 설정한 좌표를 향해 뚜벅뚜벅 걸어가는 존재일수록 성공할 확률이 매우 높다. 객관적 상관물인 '폭탄'은 한마디로 '분노의 결정체'다. 분노를 촉발하는 뇌관은 참을수록 녹이 슨다. 녹이 슨 뇌관은 불발탄으로 구분된다. 분노가 폭발할 수 있는 사정거리가 아닌 이격된 거리 또는 일정한 거리를 유지하고 있을 때, 물리적인 충돌은 사전에 회피할 수 있다. 분노는 충격의 크기를 통해 발현된다. 즉, 분노의 미적 거리에 따라 감정의 폭탄도 터진다. 절망과 좌절이란 흑역사 속에서 자폭에 가까운 충동적인 선택이 아닌, 절규하며 인내하며 참고 살아가는 우리 시대 지성인의 자아상을 그려내고 있다. 바로 관조의 힘이다. 주관을 떠나 고요한 마음으로 사물을 관찰하는 통찰력과 일맥상통한다.

2. 기다림은 시인이 되도록 촉진하는 자양분이며, 인생을 성찰하게 만든다.

    인생에서 지금 내 자신의 베이스캠프는 어디일까? 토마스 만이 '삶은 여행이다'고 말했다. 그 여행이란 배의 선장은 내 자신이다. 정작 5%만이 정해진 항로를 항해하지만, 나머지 95%는

표류하고 때론 난파당한다. 5%는 항로에 대해 사전 준비를 한 사람이고, 정해진 항로를 이탈하지 않기 위해 꿈과 열정을 펼치는 존재들이다. 95%는 항로에 대한 사전 준비에 초점을 맞춘 것이 아니라, 그때그때 상황에 따라 임기응변식으로 살아온 존재들이다. 선장은 리더이고, 승객들의 목숨을 지키기 위해 자신의 목숨을 언제든지 버릴 수 있는 사람이어야 한다. 강정식 시인의 삶은 5%만이 정해진 항로는 달리는 선장과 같은 리더의 인생과 통한다. 그가 좋아한 철학적 가치는 2000년 전 로마 공화정의 개선식에서 비롯된 메멘토 모리(memento mori, 죽음을 기억하라.), 카르페 디엠(carpe diem, 현재에 충실하라.), 아모르 파티(Amor fati, 운명을 사랑하라.)의 명언이다. 이 명언은 군중의 환호 소리가 커지면 커질수록 따라 커지는 외침이었다. 개선식은 전쟁에서 승리한 장군에게 주어지는 최고의 영광이었다. 백마 네 마리가 끄는 금빛 전차를 타고 개선 퍼레이드를 펼친다. 영웅이 탄 마차가 광장을 메운 로마시민의 환호 속을 헤치고 행진하는 장면은 최고의 순간이었다. '죽음을 기억하고, 운명을 사랑하고, 오늘에 충실하라'는 문장은 마음을 사로잡는다. '죽음을 기억하라'는 뜻 속에는 화무십일홍(花無十日紅)에 불과한 인생이니만큼 겸손한 삶을 살아야 한다는 자기성찰이 묻어난다. '현재에 충실하라'의 뜻은 현재를 가치 있게 살아야 한다는 의미다. '운명을 사랑하라'의 뜻은 인간이 가져야 할 기본이 되는 태도다. 니체가 처음 사용했다.

강정식 시인은 카르페 디엠(Carpe Diem)을 기다림의 연속으로 바라보고 있다.

늘 기다리는 일을 즐긴다/ 한겨울이면 눈이 오기를 기다리고/ 눈을 맞으면서 복사꽃 피기를 기다리고/ 또 가을이 오면 겨울을 기다리며/ 그렇게 나이를 먹어가며 기다린다/ 나쁜 소식보다는/ 좋은 소식을 기다려 보지만 늘 그 반대로/ 가슴 아픈 소식이 먼저 오기 마련이지/ 멀리 간 친구 소식도 기다리고/ 막연히 오지 않는 전화를 기다리며/ 지척이는 시간의 어깨를 떠밀어가며/ 창밖을 기웃거려가며 기다린다

─「기다림 1」 일부

또한 메멘토 모리(Memento Mori)를 기다림의 종착점으로 귀결시키고 있다.

맨몸으로 한겨울을 견디고 섰는 나무처럼/ 희망과 열정을 속으로 삭이는/ 침묵과 인고의 기다림도 있지만/ 무명(無明)의 시간 속에서/ 부득불 다가오는 약속 없는/ 막연한 기다림도 있다/ 알면서도 모르는 척/ 그러나 분명하게 정해진 그 끝/ 얼마 남지 않았음을 알기에/ 차라리 평안한 기다림도 있다

─「기다림 2」 일부

기다림은 시인의 숭고한 삶을 완성하는 자양분이고, 인생을 성찰하게 만드는 간절한 시적 울림이다. 아울러 시는 시인에게 있어 무릇 토양이다. 시인들의 작품이 소중한 것을 위해 거름이 되고, 가치 있는 삶의 윤활유로 작용하는 척도로 자리 잡을 때, 존재적 의의가 부여된다.

시집을 출간했다는 의미는 아름답고 소중한 이 시대의 풀잎들을 위해 시어(詩語)라는 토양을 통해 제대로 사색하고 사유할 수 있는 근간을 마련했음을 뜻한다. 존재적 자각을 통해 순간순간 깨어 있다는 것이 참으로 중요하다. 이미지의 눈을 뜨고 있어야 결국 자유롭고 행복한 세상과 마주한다. 이미지의 눈은 세상을 관통해 내는 성찰의 순간이다. 시인은 자기 색깔로 건설한 서정

의 도시를 들여다보면서 정체성 회복의 신분증을 풀잎들에 나누어 준다. 인위적인 삶과 자연적인 삶의 경계를 무너뜨리곤 한다.

시인은 따스한 가슴으로 행복의 가치를 진단한다.「인생은 아름다워」에서 이를 확인할 수 있다.

> 정말 다행하고 대단한 일이야/ 불행했던 과거는 잊어버리고/ 대한민국에 태어나/ 우여곡절 힘든 날들 다 견디어 내고/ 살아남아 이 좋은 세상을 보다니/ 바라던 대로 행복한 일이야/ 전쟁의 폐허 속에서 며칠씩/ 끼니를 거르기도 했었는데/ 모두가 부러워하는 나라 되었네/ 좋은 먹거리도 풍족하고/ 편리하고 깨끗한 시설들/ 좋은 물건을 만들고 나누는 사람들/ 훌륭하게 세상을 앞서가는 젊은이들/ 우리가 선진국 되었으니/ 이보다 더 좋은 세상이 어디 있겠나/ 그늘진 구석이 더러 있기는 해도/ 서로 도와가면 될 일이지/ 힘겨웠던 우리 인생도 아름다운 거야/ 아름다운 인생 행복이 따로 없네
>
> ―「인생은 아름다워」전문

불행을 겪어본 자가 행복의 중요함을 안다. 눈물 젖은 빵을 먹어본 자가 행복의 가치를 안다. 전후세대(戰後世代, Post-War Generation)의 인생관이 고스란히 전해진다. 전후세대는 제2차 세계 대전과 6·25전쟁이 끝난 세대를 일컫는 말이다. 전후세대는 '베이비 붐' 세대이기도 하다. '베이비 부머'라고도 부른다. 베이비 붐이란 출산율이 폭발적으로 증가하는 양상을 뜻하는 용어다. 어느 나라든 전쟁 이후 출산율이 급격히 증가하는 양상을 보인다. 전 세계를 통칭해서 베이비 붐 세대는 1940년대 생~1960년대 생을 포괄하는 의미다. 전후세대는 전대미문의 6·25전쟁, 격동의 4·19혁명과 유신체제를 경험하였고, '한강의 기적'을 일군 산업화의 주인공이다. 이들 세대의 공통된 점은 자유와 평화

에 대한 자각 능력이 뛰어나며, 개발도상국에서 선진국으로 진입시킨 자긍심이 누구보다 크다. 이 때문에 강정식 시인은 힘겨운 시대를 이겨낸 '전후세대', '베이비 부머'야말로 아름다운 인생을 살아가고 있는 행복한 존재임을 노래하고 있다.

시인은 정체성을 찾기 위해 몸부림친다. 「길을 잃다」를 통해 확인할 수 있다.

> 태어나는 순간/ 탯줄처럼 시간은 목에 걸고/ 죽음은 지고 나왔다/ 나는 가만히 있고/ 시간이 가는 줄 알았는데/ 내가 가고 있네/ 지도도 나침판도 없이 찾아가/ 어서 짐을 내려놓아야 하는데/ 분명 저 멀리 아니면/ 가까이 있을지 알 수 없는데/ 종착역은 어디쯤일까/ 비와 바람 속을 지나왔는데/ 어디까지 왔는지 알지 못하네/ 지쳐서 정신마저 혼미해 가는데/ 폭포수 떨어지는 물소리 들리는 듯하네/ 바른 길이 있기는 한가/ 시간의 끝이 있기는 한가/ 벌판에서 길을 잃었다

―「길을 잃다」 전문

생존 경쟁이 펼쳐지는 삶의 현장에서 살아남은 자가 강한 존재다. '내가 가야 할 곳은 어디일까?'라는 질문을 수없이 반복하는 존재적 자각을 통해 고립된 자아의 정체성을 회복하려는 시적 의지가 참으로 강렬하다. 끝없이 절망하며 걷는 삶의 노정을 표출시키면서, 나를 찾는 '비극적 초월'의 시적 자세는 인간 승리와 고독함, 심지어는 의연함마저 몰고 온다. 고립이 아닌 평온함과 안식이 자리 잡은 새로운 목적지를 지향한다. 시적 화자가 길을 잃은 것은 실제로 가야 할 방향을 놓친 게 아니다. 끝없이 고뇌하는 시시포스(Sisyphus)의 행군으로 이어질 것임을 암시하고 있다. 시시포스는 시지포스, 시지프스, 시지프 등으로 불리기도 한다. 실존의 벌판에서 길을 잃으면 심안(心眼)의

나침판을 켜고 새로운 길을 걷는 삶을 선택해야 함을 역설적으로 어필하고 있다. 무릇 인생의 길은 통찰력을 주는 길이다. 로버트 프로스트(Robert Frost)의 「가지 않은 길(The Road not Taken)」은 자신이 돌아와야 할 길임에도 중간에 길을 잃어 결국 찾지 못할 운명에 처한 길이다. 그러나 미래를 만들려면 남들이 '가지 않은 길'을 극복해야 한다. 인용된 작품의 경우는 남들이 가지 않는 길을 걷다가, 벌판에서 헤매게 되어 결국 돌아와야 할 길로 영원히 돌아오지 못하는 삶을 살 수 있음도 진술하고 있다. '지금 걷고 있는 길'과 '가야 할 길'이 반드시 같을 필요는 없다. 길의 여정을 마무리하고 길의 종착역에 도달해야 비로소 자아 실현이 완성된다. 길을 걷고 있는 시적 행위는 내가 살아있는 이유고, 길을 잃어버렸다는 한계 상황 인식은 스스로 반드시 길을 찾아야 할 이유를 상정한 것이나 다름없다. 정체성을 찾기 위한 시인의 몸부림이 전해진다.

시인은 고즈넉한 날, 누군가에게 「겨울이 좋다」를 역설한다.

겨울이 좋다/ 추워서 그렇고/ 칼바람 부는 밤이 무서워서 그렇고/ 너무 외로워서 그렇다/ 꽁꽁 얼어버린 강가에서/ 쩍쩍 갈라지는 얼음 우는 소리/ 가슴이 저려오는 소리/ 캄캄해서 더 쓸쓸한 밤/ 눈 내리는 그 밤길 혼자 걷다 보면/ 차츰 스며드는 한기에서/ 어둠의 공포보다 더한/ 죽음의 냄새를 맡게 되리니/ 혼자여서 더 추워 그렇고/ 적막강산이 무서워 그렇고/ 모두 소리 없이 죽어가서/ 텅 빈 겨울이 좋다

―「겨울이 좋다」 전문

인용된 작품은 역설(逆說)의 미학을 그대로 보여준다. 역설은 모순 어법이다. 일종의 '낯설게 하기'이다. 얼핏 보기에는 모순된 어법 같으나 깊이 사유해 볼수록 시구(詩句) 속에는 일종의 진

주를 품은 깊은 통찰의 힘이 숨어 있다. '겨울이 좋다'며 노래하고 있는 가운데, 칼바람 불어 무섭고, 꽁꽁 언 강가의 얼음 우는 소리와 가슴 저리는 소리를 들어야 하고, 쓸쓸한 눈 내리는 밤길을 걸어가야 하며, 어둠의 공포보다 더한 죽음의 냄새를 맡고 가야 할 뿐 아니라, 혼자여서 더 춥고, 적막강산이 무서우며, 모두 소리 없이 죽어가는 계절 '텅 빈 겨울이 좋다'는 역설의 언어를 낳고 있다. 텅 빈 겨울은 공허로 가득 찬 공간과 시간이 병존한다. 시의 제목을 보면 겉으론 겨울 예찬론 같지만, 곳곳에 설치된 절대고독의 시적 장치로 인해 허무의 연결고리가 이어져 한계상황을 그려내고 있다. 현대 소시민의 상징, 독거인 입장에서 기술된 각각의 행마다 수없이 표출하고 있는 고립무원(孤立無援)의 심정을 절절한 이미지로 육화시켜 나타내고 있다. 이 때문에 겨울은 피하고 싶은 계절임에도 불구하고 '텅 빈 겨울이 좋다'는 수사(修辭)로 반전 효과를 자아낸다. 한편, 추적추적 내리는 겨울비를 일부의 시인은 좋아한다. 겨울에 눈이 내려야 제격인데, 비가 온다는 사실은 고독의 절정이 될 수 있다. 이 고독감에 몰입하고 싶은 시인의 경우에는 당연히 '겨울비'를 객관적 상관물로 바라볼 수 있다. 적막감이 밀려오는 한겨울이 누군가에겐 절망과 상실의 대상이지만 그런 한계 상황을 오히려 즐기는 작가적 관점은 신선한 시적 안목으로 볼 수 있다. '텅 빈 겨울'을 좋다는 메시지로 어필하고 있기 때문이다.

시인은 초자연적인 존재가 되어 삶을 즐긴다.「바람이고 싶다」에서 확인할 수 있다.

바람이고 싶다/ 봄이면 남으로 불어와/ 푸른 청보리밭을 헤살 짓는 싱그런 바람/ 무더운 여름이 지나서/ 소슬한 바람으로/ 황금빛 들판을 휩쓸고/ 코스모스꽃 판을 설레는 바람/ 무서리가 내린 이른 겨울 아침엔/ 시퍼런 청무 밭에서/ 벌겋게 떠오르는 아침 해를 향해/ 두 팔을 벌리고 온몸으로/ 맞서는 바람이고 싶다/ 살아 있는 바람/ 포효하는 바람이고 싶다

— 「바람이고 싶다」 전문

 바람은 세상을 구하는 하나의 메시아(Messiah)적 시그널(Signal)로 볼 수 있다. 해빙기가 되면 이를 해갈하는 바람, 샛바람이 분다. 남쪽으로 내려와서, 청보리밭을 쓰다듬는 싱그런 여운을 실어 나른다. 무더운 여름 지날 때면 소슬한 바람이 분다. 황금벌판을 수놓고 코스모스꽃을 설레게 하는 하늬바람이 분다. 겨우내 동면으로 고립되고 결핍된 상황은 상실의 시간이다. 이 순간에는 고난과 고통, 슬픔이 혼재되어 나타난다. 된바람이 쌩쌩 불어와 한기(寒氣)가 더욱 깊어진다. 그럼에도 무서리 내린 겨울 아침, 붉은 해와 맞서 살아 포효하는 바람이고 싶다는 시적 화자의 소박한 모습이야말로 정겹고 해맑다. 바람은 우리 주변에서 흔히 느낄 수 있는 존재이지만, 그 속에 숨겨진 미학적 가치가 있다. 바람에 의해 움직이는 시적 대상은 상쾌하고 역동적인 움직임을 보여준다. 공간의 깊이와 방향성을 전해 준다. 동시에 바람이 불며 만들어 내는 다양한 소리는 공간의 크기와 구조를 상상하게 한다. 바람은 보이지 않는 존재 중 하나다. 그러나 우리 주변의 모든 사물에 영향을 미치며 자연스럽게 움직임을 만들어 낸다. 이러한 바람의 움직임과 흐름을 간파하는 강정식 시인이 있기에 삶의 가치도 부여된다. 이에 바람은 시인에게 있어 영감의 원천이 된다. 아울러 바람의 철학적 미학은 자유의 상징이란 점이고, 변화와 순환의 상징인 점이다. 보이지 않지만 자유롭게 움직이는 바람은 인간의 자유와 해방을 상징하고 있음을 인식하고 있다. 시인은 끊임없이 변화하는 바람의 모습이 자연의 순환과 생명력을 보여주고 있음을 직시하고, 삶의 본질에 대해 노래하고 있다.

시인은 세상에서 소중한 존재에 대한 사유를 통해 궁극적 삶의 방향을 제시한다. 「친구 생각」에서 이를 확인할 수 있다.

> 죽음은 생각지 못할 때 찾아오는 거야/ 먼저 간 친구들이 다 그랬어/ 아파도 아프다 하지 않았고/ 병원 다니면서도 말이 없었지/ 연락이 뜸해지기는 했지만/ 우린 늘 그러다 말다 했으니까/ 남은 친구들은/ 겨울이 가고 새봄이 오면/ 다소 힘들이 날지 모르지/ 아니지 또 생각지도 못한 소식이 와서/ 슬프게 할지 모르겠네/ 떨어지는 낙엽을 걱정하기도 했고/ 멀어져 가는 기억을 탓하기도 했고/ 하지 않던 헛웃음을 치기도 했으니까/ 의욕을 잃으면 안 되는데/ 하나씩 전화를 돌려 안부도 묻고/ 흰소리도 해가며 같이 가자고/ 다짐도 해두어야겠다/ 두루두루 보고 싶네/ 어서 서둘러야겠다

—「친구 생각」 전문

쓸쓸함은 인간의 '실존적 고독'에서 비롯된다. 개인이 세상에 홀로 던져져 있다는 고독을 의미한다. 타인과의 근본적인 단절감과 삶의 무의미함 등을 포함한다. 강정식 시인은 이러한 실존적 고독을 직면하고 수용하는 시적 자세를 통해 진정한 삶의 방향성을 제시하고 있다. 시인은 인간이 본질적으로 사회적 동물이지만, 자연의 순환과 순리에 의해 친구들이 하나둘씩 사라지는 현상으로 인한 고립감과 고독감을 담담하게 진술하고 있다.

쓸쓸함은 인간이 경험하는 근본적인 감정 중 하나다. 이는 혼자 있거나 소통의 부재로 인해 느끼지 못할 때 발생하는 감정으로, 외로움, 고독, 공허감 등으로 표현될 수 있기에 이를 극복하기 위한 소통의 중요성을 시인은 인식하고 있다. 쓸쓸함의 원인은 사회적 고립: 가족, 친구, 동료 등 중요한 타인과의 관계

가 부족하거나 단절되어 발생할 수 있음을 비유적으로 경고하고 있다. 또한 중요한 사람이나 사물의 부재로 인해 상실감이 발생할 수 있는데, 이를 파악하여 그 상실감을 메우려는 시적 다짐이 솔직담백하다. 쓸쓸함의 영향은 부정적 감정으로 증폭될 수 있다. 쓸쓸함은 우울, 불안, 무력감 등의 부정적 감정이 강화되어 자칫 극단적 상황까지 초래할 수 있다. 쓸쓸함은 인간이 경험하는 보편적인 감정이다. 소식을 전하지 못한 친구에게 안부의 전화를 두루두루 돌리겠다는 시인의 시적 의지도 엿보인다. 인생을 함께 걸어가는 존재들, 친구의 가치와 소중함을 통해 노년기의 행복이 전해진다.

한 자루의 명검을 만들기 위해 도검장은 수만 번의 쇳덩이를 두드리는 단조 작업과 1,300도의 불길을 견디는 인고의 시간을 보낸다. 뼈를 깎는 단련 없이 명검은 날이 서질 않는다. 고난은 행복의 어머니이며, 역경 없이 성공의 결실은 오지 않는다. 글의 달인들은 첫 문장만 봐도 글의 비전과 그 확장성을 느낄 수 있으며, 인생의 달인들은 단 한 번의 만남을 통해 백 년 인연을 식별해 낼 수 있다. 강정식 시인은 성공의 달인이고, 글의 달인이며, 인생의 달인이다.

열정은 에너지원이다. 문학을 사랑하는 열정이 결핍되지 않도록 끝없이 변화해야 하고, 통해야 오래갈 수 있다. 『주역』 계사 하 2장의 '궁즉변(窮卽變) 변즉통(變卽通) 통즉구(通卽久)'는 주역의 황금률로 일컫는 명언이다. '궁극에 이르면 변화하고, 변화하게 되면 통하게 되며, 통하면 오래 가게 된다'고 한다. 시인은 시대의 메신저이다. 시인은 따뜻한 바람으로 세상의 풀잎들을 품어주는 존재다. 그 풀잎들을 위한 서정 시집, 『그해 우리는』을 세상에 내놓는다.

황금(黃金) 같았던 날들의 기록

1962년 서울공대
금속공학과 입학 동기

강정식
공병채
신명철
정장훈
홍상복

(가나다 순)

더 넓은 세상을 향해서

강 정 식 (현대종합상사 전무)

철없던 시절

해방 전인 1943년, 서울에서 태어나서 광복 이후 우리나라 사람들이면 다 겪었을 6·25 전쟁 같은 파란만장한 우여곡절을 모두 겪고 자라서 4·19 혁명까지 겪고 1961년 용산고등학교를 졸업했고, 1966년 서울공대 금속공학과를 졸업하고, ROTC 4기로 북한의 김신조 일당의 청와대 습격 사건이 마무리된 후인 1968년 6월 육군 중위로 제대를 한다.

내 인생 제 1막: 회사 생활

사회 초년병 시절 (일신산업과의 인연)

1968년 군 제대와 동시에 곧바로 대학 3, 4학년 중 받은 〈㈜ 일신산업〉 장학금의 약속대로 당시 우리나라 최고 최첨단 철강 산업체였던 〈일신산업〉에 취직을 하게 된다. 이 회사는 한국 최초로 냉간 압연 강판 생산 설비를 미국에서 수

입해서 공장을 건설하는 한편 한국 최초로 냉간 압연 철강재를 생산해서 수출하는 회사로 나는 현장의 생산 담당 엔지니어(Production Engineer)가 되었다.

따라서 나는 한국 최초로 냉연강판을 생산하는 기술자가 되어야 했기 때문에 배워야 할 일도 많고 해야 할 일도 많아 밤낮 12시간씩 교대로 근무하는 현장 생산 담당 기술자 생활을 시작했다. 현장 기술자 생활은 무척 힘들었으나 일을 배우는 재미와 이 분야에는 내가 한국에서 최초이고 최고의 기술자라는 대단한 자부심으로 버티면서 1972년에는 일본 제철 회사에 기술 연수를 다녀오기도 하면서 성장해 갔다.

1973년도에 들어서면서 한국은 중화학공업 육성정책을 펼쳤다. 울산에 화학 공업단지가 들어서고 현대중공업이 조선소를 만들고 포항에서는 POSCO 제철소가 건설되고 또 다른 산업 분야별로 수출을 위한 해외 수주 활동이 활발해지면서 젊은 엘리트 세일즈맨들의 해외 세일즈 활동이 활발해지기 시작한다. 그러나 나는 숨 막히게 돌아가는 생산 현장 생활이 힘들어 차츰 몸도 마음도 지쳐갔지만 회사와의 약속인 최소 5년 이상 근무를 해야 하는 조건 때문에 회사를 떠날 수가 없었다.

현대중공업(조선소) 입사

이 무렵 대학 동기들은 새로 설립한 POSCO 제철소로 몰려갔지만 나는 당장 갈 수가 없었다. 기회만 보고 있던 차에 생산 현장에서 기름 묻은 작업복을 벗고 넥타이를 매고 해외 출장을 다닐 수 있을 것이란 기대를 안고 1973년 현대중공업(조선소) 해외기술영업부로 자리를 옮기게 되어 마침내 현장 생산기술자에서 해외 선박영업기술자(Ship Sales Engineer)로 변신에 성공하게 된다.

당시 현대조선소는 세계 최초로 한쪽에서는 초대형 조선소를 건설하면서 다른 한쪽에서는 대형 유조선을 건조하느라 현장은 온통 전쟁터를 방불케 할 정도로 모두 바쁘고 정신이 없었다. 또 다른 한편 해외영업부에서는 차기 일감인 초대형 유조선(VLCC)을 수주하느라 말 그대로 모두 다 눈코 뜰 새가 없이 비상근무를 했다.

해외 주재원 시절

그때까지만 해도 현대조선소는 영국 런던과 일본 동경에 영업과 자재 구매를 위한 지점이 2곳뿐이었는데 미국 뉴욕에 3번째 지점을 개설하게 되어 나는 1974년 4월 뉴욕지점으로 발령을 받고 꿈에 그리던 해외지점 생활을 시작하게 된다. 그러나 초창기 해외지점 생활이 꿈과 같지 않아서 처음에는 호텔과 아파트를 빌려 자취 생활을 해가면서 본사에서 오는 수많은 요구사항과 잡일을 도맡아 하는 고된 직장생활의 연속일 뿐이었다. 그렇게 또 다른 새로운 일과 환경에 적응해 가면서 차츰 시키는 일도 제대로 못 하던 신입사원에서 회사가 필요로 하는 일을 먼저 찾아 할 수 있는 일꾼으로 성장해 갔다.

1970년대 초반부터 한국은 수출만이 살길이라고 모든 국민이 허리띠를 졸라매고 매진했으며 마침내 정부에서는 1976년에 수출을 획기적으로 늘리기 위한 정책의 일환으로 종합상사 10개를 만들기로 하여 현대그룹에서는 그해 12월 '현대종합상사'를 만들고 해외지점에 근무하는 사람을 모두 현대종합상사의 해외 세일즈 요원으로 편입을 시키게 된다.

나는 그때부터 현대종합상사 소속 세일즈맨이 되었고 자연스럽게 현대중공업 제품을 중심으로 해서 모든 중공업 관련 제품 수출을 담당하게 되었다. 다행스럽게 뉴욕지점에서 근무하는 동안 미국 내 중요한 조선소와 중공업 관련 회사와 유명 기술회사들을 방문 업무 협의를 할 기회가 많아서 그때마다 업무에 참고가 될 만한 자료들을 수집했으며 특히 조선과 해양 석유 시추 장비들에 관심을 가지고 자료를 모으고 공부를 게을리하지 않았다.

해양설비부를 맡는다

뉴욕지점 생활 5년을 마치고 1978년 12월 마침내 서울 본사로 귀임하자 전에 없던 새로운 분야인 해양설비부가 만들어지고 그 책임을 맡게 되었다. 그러나 당시로서는 수출할 수 있는 해양 설비 해당 품목이 없었기에 현대중공업이 생산하는 모든 제품을 바탕으로 해서 주로 동남아와 미주 지역을 중심으로 시장 개척에 전념했다.

우선 수주 실적을 올려야 하기에 선박 이외에 현대중공업이 잘할 수 있는 초대형 건축 철골의 수출을 시도해서 미국 시장을 개척해 텍사스 오스틴에 고속도로 교량, 뉴올리언스에 미시시피강 철교, 휴스턴에 컨벤션센터의 대형 철골 등을 수주하기도 했고 베트남에서는 하노이와 사이공을 잇는 고압송전 철탑을 수주하기도 했다. 1980년도 무렵까지 동남아 시장의 모든 해양 설비와 석유시추선 프로젝트는 미국과 유럽 업체들이 더치 셸(Shell), 영국 비피(BP), 미국 엑손(EXXON), 텍사코(TEXACO) 같은 세계 최고의 석유회사의 프로젝트를 세계적 전문기술회사인 벡텔(BACKTEL) 같은 미국의 종합 건설 회사들과 유럽 업체들이 시장을 독점하고 있어 한국 회사들은 꿈도 꾸지 못하던 때였다.

해양 강국의 문을 열다.

이 고난도의 수출시장을 파고드는 데 전력을 다해서 우선 동남아에서는 바다에서 석유가 나는 말레이시아(페트로나스 국영석유회사, ESSO), 인도네시아(페르타미나 국영석유공사, SHELL), 인도(국영 오일과가스공사, ONGC) 석유회사 프로젝트와 미국의 유명 석유 시추 회사들의 동남아 지역 프로젝트에 중점을 두어 시장을 개척해 마침내 매년 수억 달러($)의 공사를 수주하게 되자 국내 다른 조선회사들도 우리의 뒤를 이어 이 시장에 뛰어들게 되었다. 우리는 추가로 중국(중국해양석유 그룹 CNOOC)), 베트남(페트로베트남) 시장마저 차례로 개척하고 더 나가 아프리카와 중남미 브라질 시장을 개척해나가는 동안 마침내 현대중공업이 세계 해양설비 프로젝트 수주와 시추선 분야를 턴키베이스(설계, 제작, 운송, 설치, 시운전)로 수주를 주도하게 되었다. 그 바탕 위에서 오늘날 한국의 조선 삼사(현대, 삼성, 대우)가 선박 건조 부문과 함께 세계 해양설비 시장을 석권하게 되는 중요한 역할을 해냈다.

휴스턴과 LAX(로스앤젤레스) 지점 생활

나는 1996년 12월 현대종합상사를 퇴임할 때까지 1974년부터 뉴욕지점에서 5년을 근무한 후에 서울 본사 해양설비부 근무를 마치고 석유 산업이 한창 붐을 이루던 1983년 1월부터는 미국 남부 석유산업의 중심지인 휴스턴 지점에서 해양설비와 시추선 수주업무와 연관해서 엑손(EXXON), 모빌(MOBIL) 같은 메이저 석유회사와 세드코(SEDCO), 오데코(ODECO) 같은 유명 석유 시추회사 프로젝트와 이런 프로젝트와 연관된 수많은 유명 엔지니어링 회사와 관련된 업무를 주로 해서 5년을 근무했고 그 후 또 한 차례 본사 근무를 마치고 다시 미국의 서부지역 본부장으로 캘리포니아, 로스앤젤레스(L.A) 지점에서 3년을 더 근무했다.

내 인생 제 2막: 시인(詩人)이 되다.

글을 쓰게 된 계기

1996년 12월 말 아무 준비 없이 갑작스럽게 퇴임을 하게 되자 말 그대로 앞이 캄캄하고 무엇을 어떻게 해야 할지 알 수가 없었다. 그렇다고 손 놓고 놀 수만도 없어 혼자 또는 친구들과 함께 새로운 사업을 하겠다고 이것저것 해 보지만 대기업에서 조직적으로 그리고 계획적으로 하던 일처럼 사업이 잘 안되어서 아무 일도 쉽게 이루어지지는 않았다. 그런 와중에 남는 시간을 적절하게 활용할 방법을 생각하던 중에 내가 30년 동안 대기업에서 수많은 나라를 다니면서 보고 배운 것들과 수없이 어려운 일을 해가며 배운 많은 것들을 그대로 잊어버릴 수 없다는 생각을 하게 되었다.

 그래서 우선 시간 나는 대로 내가 출생하게 된 전후의 가족사로부터 1996년 현대종합상사를 퇴임할 때까지의 일들을 연대기 형식의 자서전을 쓰기로 해서 200자 원고지 6,000매 정도를 써서 완성했다(출판은 하지 않았음). 그러고 나서 이번에는 수필을 쓰기 시작해서 한참을 쓰다 보니 수필 쓰기도 지루해졌다. 다른 글감을 찾다가 뉴욕지점 생활 중에 브로드웨이에서 본 영화, 연극, 뮤지컬들을 생각하며 영화 이야기를 쓰기 시작한 것이 등단 후에 월간 『문학세계』에 3년여 동안이나 연재를 하게 되는 수필 〈시인의 영화 속 사랑 이야기〉가 된다. 수필을 쓰다 보니 산문은 시간도 많이 들고 싫증도 났다.

마침내 시를 쓰다.
 그러던 중에 가까운 남한산성에 산책 등반을 해서 산정에 올라가 한강 쪽을 바라보는데 그 탁 트인 서울의 경치가 가슴을 시원하게 열어주는 느낌이 나를 깨웠다. 그 느낌대로 시를 쓰면 좋겠다는 생각이 들었다. 그 길로부터 시를 쓰기 시작하니 시상이 넘쳐나서 한꺼번에 수십 편을 써 내려갔다. 그러나 나름대로 써 놓기는 했으나 제대로 썼는지 알 수가 없어서 기성 시인 몇 분에게 보여드렸더니 이것은 시가 아니라는 혹평을 듣고 깜짝 놀랄 수밖에 없었다. 그래서 이왕 시작한 글쓰기니 그렇다면 한번 제대로 시(詩)공부를 해서 좋은 시를 써 보자고 마음먹고 혜화동에 있는 김경민 시인의 〈한국시문화회관〉에서 시 창작 공부를 시작하게 된다.
 그때가 1998년이었는데 시 창작반에는 문학을 전공하거나 문학을 전문적으로 공부할 고등학생, 대학생, 젊은 직장인들이 대부분이었고 내가 가장 나이가 많은 늙은 학생이 되었다. 그러나 나는 그 젊은 학생들에게 지지 않으려고 더 열심히 공부하고 숙제를 해가면서 주경야독으로 2001년까지 시 공부를 계속했다. 김경민 선생은 등단을 서두르지 말라고 했으나 나는 조급한 마음에 2001년에 월간『문학세계』의 문을 두드리게 되었다.

시 창작 공부

문학을 전공할 사람들은 대학 문예창작과에서 전문 교육을 받고 나서 등단을 하거나 문학 활동을 계속하겠지만, 그때만 해도 나처럼 전문 교육을 받지 않은 사람이 문학을 전문적이고 체계적으로 교육받을 수 있는 곳이 별로 많지 않았다. 그러나 혜화동 대학로는 우리 문단의 중심으로 각종 예술단체와 예총, 한국문인협회, 한국문예진흥원뿐만 아니라 여러 문인 단체 사무실도 모여 있어 온종일 문인과 예술인들이 모여들고 만나고 헤어지는 사랑방 같은 곳이었는데, 혜화동 로터리에 있던 〈한국시문화회관〉도 바로 그런 사랑방 역할을 하기도 했다.

낮에는 사업을 한다고 바빴기 때문에 저녁반에 들어갔는데 우리 반에는 직장에 다니는 젊은이들이 몇 명 있었고 등단한 지 얼마 안 된 새내기 시인들도 몇 명 있어서 공부 분위기는 자못 진지하고 눈에 보이지 않는 경쟁심과 열의가 대단했다. 수업은 일주일에 하루 2시간 예정으로 되어 있으나 늘 3~4시간을 넘기기 일쑤였고 주말에는 기성 문인들이 주관하는 시 낭송회가 있어 기성 시인들의 시 낭송과 문학 토론과 그 시인들 몇몇과 어울리는 뒤풀이는 나에게는 신선한 경험과 공부였고 새로운 충격으로 다가왔다. 나는 이때 늦게 시 창작 공부하는 별 볼 일 없는 학생이었기에 행사에 참석한 유명 시인들께서는 아무도 나를 기억하지 못하겠지만 그들 중에는 우리 문단의 원로 시인과 유명 인사들이 많아서 그들에게서 듣고 배우는 한마디 한마디가 내게는 천금같이 귀한 공부들이었다.

특별 과외 공부

한편으로 차츰 시 창작 공부에 빠져들면서 틈나는 대로 내가 배우고 공부하는 아름다운 시와 산문을 쓴 우리 문단의 유명 작가들의 특별 문학 강의를 찾아다니기 시작했다. 당시 한국 문단에서 중추적 역할을 담당하던 유명 작가들 중에서 내 판단으로 훌륭한 작가라고 생각이 된 작가 중에는 특히 한국시인협회 회장이시던 허영자 시인, 내가 좋아하는 조정권 시인(이후 존칭 생략), 구상, 황금찬, 고은, 성춘복, 황동규, 김동규, 박상천, 박제천, 장석주, 김용택, 도종환, 고재종, 김승희, 김신용, 오세영… 등등 수많은 시인과 황석영, 신경숙, 이청준, 한말숙, 유현종, 하성란, 박범신 등등 수없이 많은 이름난 소설가와 작가들의 특강을 들으면서 그들은 어떤 사람이며 어떤 생각을 하고 있으며, 어떤 글을 쓰려고 하고, 평소에는 어떻게 생각하고 살아가나 하는 모든 것과 그들의 문학이 궁금했고, 내가 앞으로 시인이 되어 시를 짓는다면 나는 어떻게 무슨 생각을 하며 살고 고민해야 할까를 생각하면서 그들의 가르침 한마디 한마디를 놓치지 않으려 애를 썼다. 이런 특별 과외 공부는 등단하고도 오랫동안 계속했다.

시인으로 등단

그렇게 시 창작 공부에 빠져 지내는 동안 시간이 지나가서 우리나라뿐만 아니라 전 세계적으로 새로운 2000년 시대를 준비하고 맞이하느라 분주했으며 나는 나대로 회사 일로 무척 바쁜 2001년을 맞이하게 되었다. 시 창작 공부는 부족했지만, 같이 공부를 하던 몇 사람이 문예지들을 통해서 등단을 하는 데 자극을 받아 나는 월간 『문학세계』에 문을 두드리게 되었고, 마침내 2001년 6월 독일 출장에서 돌아오는 차 안에서 신인문학상 당선 전화를 받게 되었다. 신인문학상 당선작 「한마디가 끊어진 내 손」 외 4편이 발표될 때 나는 당선 소감으로 "뒤늦게 시인이 되겠다고 나섰기에 걱정도 되지만 오히려 버겁기는 했어도 다양하고 화려(?)했던 날들의 삶을 바탕으로 그 삶과 그리고 진솔함과 깊은 성찰을 이야기하는 시인이 되어야 하지 않을까를 스스로 다짐"을 한다고 선언을 하면서 신인으로 등단한다.

첫 시집을 내면서의 마음가짐
(한국문예진흥원 창작기금 수혜)

2001년 6월 등단은 했으나 첫 시집을 바로 낼 수가 없었다. 그동안 써 모은 작품들은 공부하는 과정이고 습작이라는 생각도 들어 앞으로 정신을 가다듬어 제대로 쓰고 다듬어서 제대로 평가를 받을 자신이 생기면 시집을 내겠다고 마음을 다잡아 먹고 작품을 쓰기에 열중했다.

해마다 한국문예진흥원에서는 매년 12월에 신청받은 기성 시인 중에서 일정 수를 심사 선발해서 그다음 해 창작기금 수혜자를 선발 발표했다. 꼭 맞는 일이 아닐지 모르고 또 이미 등단했기에 누구한테 심사를 받아야만 하는 것도 아니지만 내가 2002년 12월에 제출한 30편의 작품이 심사를 거쳐 2003년 창작기금 수혜자로 선정되었다. 그렇게 해서 내 첫 번째 시집인 『나는 누구인가』와 두 번째 시집 『시간의 지평 위에』를 발간하게 된다.

나는 첫 시집 『나는 누구인가』를 출간하면서 이때 "나 자신의 정체성 문제를 심각하게 고민해야 한다는 생각을 하게 되었고 좀 더 깊은 사고와 예리한 통찰과 섬세하고 따뜻한 심성으로 애써 고민을 해가며 시를 써야 한다."는 것을 알게 되었다. 그 후로도 이런 생각들을 상당히 깊이 고민을 하며 해외 창작캠프 경험도 살려가면서 작업을 해서 2008년 3월에 세 번째 시집 『밀밭 가에 헛양귀비꽃』을 출간하고 2012년 11월에는 네 번째 시집 『알 수 없는 시간 속으로』, 2016년 10월에는 마침내 다섯 번째 시집 『산다는 것이』를 출간한다.

해외 문학 교류와 해외 창작캠프 참가
이탈리아 시인협회

2001년 등단 이후부터 적극적으로 활발하게 작품 활동을 하면서 한편으로 지난 30년 동안 직장 생활을 하며 보고 배운 해외 경험을 잘 활용하면 월간 『문학세계』와 함께 해외 문학 교류의 길을 마련할 수 있을 것이란 생각을 하게 된다. 그러던 중 UNESCO 홈페이지에 한국에서는 처음으로 월간

『문학세계』를 등록한 계기로 2002년 이탈리아 시인협회가 주관하는 〈2002년 시의 바벨 탑, Poetical Babel〉 프로젝트에 초청되어 세계 35개국 대표 작가들의 작품과 함께 월간 『문학세계』 추천작가 10명의 작품을 번역 소개하게 된다. 그리고 그해 6월경부터는 〈문학넷〉 홈페이지에 월간 『문학세계』 회원들의 영어 번역 작품을 연재하게 된다.

2003년에도 이탈리아 시인협회가 주관하는 〈2003 시의 바벨 탑, Poetical Babel〉 프로젝트에 다시 초청을 받아 월간 『문학세계』 추천작가 10명의 작품을 번역 소개하게 된다.

이를 계기로 내 작은 힘이라도 열심히 노력하면 외국과의 문학 교류가 가능하겠다는 생각으로 우선 내가 잘 안다고 할 수 있는 미국을 중심으로 유럽의 많은 문인 단체와 시인 동호회와 협회 등을 접촉하면서 영어로 번역된 내 작품을 발표하며 교류를 시도했다.

프랑스 CAMAC Art Center와 MEET ART 재단 초청

그 결과 한국 시인으로는 처음으로 2006년에는 UNESCO 산하 프랑스 파리(France, Paris)에 있는 〈CAMAC 예술센터〉에서 한국 시인 최초로 초청을 받고 한국예술위원회의 해외 레지던스 프로젝트의 자금 지원을 받아 파리에서 4개월간 시(詩) 창작캠프에서 외국 작가, 예술가들과 생활을 함께하면서 작품 활동을 할 수 있었다. 2011년에는 프랑스 대서양 연안의 작은 도시 생. 나자르(St. Nazaier)에 있는 세계적으로 잘 알려진 〈MEET 문학재단〉의 초청으로 한국 시인으로는 처음으로 2개월간 현지에서 예술인들과 교류하면서 시 창작 작업을 하는 국제적으로 좋은 경험을 쌓았다.

이렇게 새로운 문화와 환경에서 신선한 충격으로 시인으로서의 깊이와 넓이를 키우는 작업을 계속할 수 있었으며, 그런 새로운 경험을 바탕으로 작품 활동을 계속하면서 좋은 시집을 발간할 수 있는 힘이 되었다.

나의 문학관

지금까지 나 개인의 사회 경험과 시인으로 등단하기 위한 준비 과정과 월간『문학세계』를 통해 등단한 후 시인으로 성장해 가는 과정을 진술하게 말씀드렸다. 사람은 누구나 자기 인생을 살아가면서 나름대로 인생관이 있겠는데 이는 그 사람이 자라온 환경과 타고난 성품과 교육에 의해 뚜렷하게 만들어지는 삶을 향한 자신의 지표이며 철학이라 생각한다. 더욱이 문학을 하는 작가라면 특히 시인이라면 자신의 작품을 통해 독자에게 위안이 되고 감동을 주기 위해서 또는 독자의 감성을 깨우기 위해 어떤 생각과 철학을 담아야 할 것인가를 늘 고민해야 할 것이란 생각이다.

따라서 작가의 문학관이란 그 작가의 인생관 위에 타고난 글 쓰는 재주에 더해서 배우고 느끼고 경험한 문학적 소양을 바탕으로 자신의 무지와 서투름을 시적 모호함으로, 더 나아가서 무질서와 난삽함을 새로운 기술로 내세우지 말고 아는 만큼 겸허한 마음으로 순수하고 진솔하게 만들어 내는 문학적 주장이며 작가의 철학이란 생각이다. 그래서 나는 다음과 같이 간추린 3가지 생각을 바탕으로 해서 시 작업을 해오고 있으며 이를 나의 문학관이라 할 수 있겠다.

첫째, 우리들의 정체성(正體性)의 문제

우리 같은 평범한 소시민들이 모여 살아가며 만들어지고 역사가 되지만 이 파란만장한 삶을 함께 살아가는 우리 보통 사람들이 누구인지 그 정체성을 스스로 알도록 해야 하고 분명히 알아야 자신 있게 자기의 삶에 맞설 수 있고 그 속에서 행복을 찾고 나누고 느끼고 누릴 수 있는 우리의 정체성을 자각하고 있는 일이 중요하다는 생각과,

둘째, 역사인식(歷史認識)의 문제

우리 세대는 1945년 해방 전후에 태어나 6·25 전쟁과 그 후에 수많은 정치적 사회적 격변과 아직도 계속되고 있는 반사회적 대립과 민주화 운동과 엄청난 경제발전의 변혁과 세계정세의 변화를 겪으며 살아온 역사의 주인공들이다. 이 역사의 주인공인 우리 개인들의 삶과 그 삶의 역사는 아무런 기록도 흔적도 없이 곧 사라지고 잊히게 될 것이란 생각에 평범하지만 소박하면서도 굴곡지고 힘들었던 삶을 제대로 기록하고 보관하고 후대에 알려야 한다는 생각과,

셋째, 삶의 진정성(眞正性)의 문제

현재를 사는 우리들의 삶에는 백 세 인생이란 말이 있기는 하지만 유구한 우리 민족의 삶의 역사에 비하면 개인의 삶은 참으로 보잘것없이 짧은 기간이라 할 수 있다. 그 짧은 세월을 살다 가는 동안 우리의 힘겹고 험난한 삶 속에서도 의미와 자긍심을 가지고 그 소박한 삶을 사랑하고 깊은 애정으로 보통 사람들의 평범한 삶의 희로애락(喜怒哀樂)을 작품으로 기록하고자 했으며 그 중심에는 위와 같은 생각들이 늘 다져진 토대가 되고 내 '문학관'의 중심 기둥이 되었다.

끝맺는 말

나는 정치가도 아니고 교육자도 아니고 운동권의 선동가도 아니지만, 나라를 사랑하는 애국 시민으로서 내 인생의 전반을 지극히 평범한 사회인으로 열심히 살아왔고 내 인생의 후반에는 시를 짓는 시인으로 위와 같은 문학(詩)에 관한 생각의 바탕 위에서 문학 활동을 계속하고 있다. 독자들이 내 작품들을 읽고 그들의 고단한 삶을 위로받아 그들의 삶이 다소라도 여유롭고 풍요롭고 행복할 수 있기를 바라는 지극히 소박한 마음으로 작업을 했으며 앞으로도 그렇게 할 생각이기에 내 인생 2막은 아직도 더 넓은 세상을 향해서 계속 항해해 가는 중이다.

---

* 참고: 월간 『문학세계』 2016년 11월호에 발표한 글을 수정 보완하여 실었습니다

炳採(凡如) 日誌

공 병 채 (회장)

어린 시절

아주 희미한 추억이 백발이 된 내 머리에 내려앉아 많은 마을 사람들이 만세를 부르던(그때는 무엇인지도 몰랐겠지만) 해방의 기쁨이 어렴풋이 내 뇌리에 아직도 남아 있다.

42년생인 나에겐 한국 나이로 4살 때이니까….

우리 동년배들이야 어느 누구 고생 없이 자라난 사람이 있겠냐만 난 시골 벽촌에서 오로지 벼농사에만 의존해서 살아온 가난한 5남매 중 한가운데로(누나, 형, 나, 남동생, 여동생) 태어나 9살에 6·25를 겪었고(6·25 기억은 생생함) 11살(초등학교 4학년)부터 지게질을 배웠고 중학교 졸업 후 (누나, 형은 중졸로 끝남) 17살 때 1년을 쉬면서 신문 배달, 술 배달(짐 싣는 자전거 잘 탔음), 김제 사금(沙金)판 날품팔이 등등으로 고교 입학 등록금을 마련하여 졸업 후 취직이 쉬울까 싶어 이리공고에 입학한 후 밤새워 공부에 매진하다 보니 가난한 살림에 영양실조에 걸려 고생을 많이 했던 기억이 아직도 생생하다.

김제역에서 4km쯤 떨어진 마을, 새벽 6시에 출발. 약 1시간 걸어서 김제역에서 기차를 타고 40분쯤 후에 이리역에 도착, 걸어서 30분쯤 후에 이리공고에 도착하면 등교 과정이 지칠 만도 한데 그런 생각은 해 본 적도 없이 학교생활이 즐겁기만 했다.

대학과 군대 생활

고3 때 5·16이 발생했고 62년도에 같은 계열(농고, 상고, 공고) 진학 시 인문계와 별도로 30% 특혜 전형이 있었고 그 덕에 금속공학과에 합격하여 서울공대 합격 기념으로 간소한 마을잔치가 있었고 친지들이 십시일반 도와주어 가까스로 등록금을 마련하여 상경하게 되었다. 마침 조카가 고대 법대생으로 고대 앞 제기동에서 자취를 하고 있었는데 그곳에 빌붙어 살면서 3~40분 걸어 청량리 버스정류장에서 버스를 타고 공릉동 공대까지 1학기를 통학하였다.

공대 curriculum은 음악, 미술은 아예 없고 미적분은 다뤄 본 적도 없다. 공고 출신 30% 9명 중 중도 포기한 사람이 몇 명 되는 걸로 기억된다. 학업도 따라가기가 힘들었지만 2학기 등록금을 마련할 길이 없어 휴학을 했고 1년 후 복학할 때 군 입대 영장이 나와 학교에 문의했더니 제대 후 복학이 가능하다고 해(그 시절 군대 복무는 약 33개월) 8년 만에 대학을 졸업하게 되었다.

다수의 사람들은 군 생활을 속박된 자유 및 심한 체벌로 싫어했고 별 보람 없는 시간의 흐름으로 간주하지만 내 경우엔 군 생활이 고달프고 힘들었지만 내 인생의 좌표를 확고히 세우는 황금 같은 기회였다.

6주의 논산 훈련을 마치고 금속 전공이라 병기 병과를 받았지만 연말이라 특과 학교가 약 2주간 신입병을 뽑지 않아 도봉산 아래 의정부 가는 길목 101 보충대로 발령받아 63년 12월 20일에 입소했는데 영하 20℃ 정도 혹한이었다.

재학 중에 입영한 13명 중 2, 3일이 지나자 12명이 근처의 좋은 부대로 모두 떠났고 12월 24일 x-mas 이브에 나 혼자 덜렁 남았는데 손등엔 손때가 잔뜩 끼어 새까맣게 텄고 배는 고프고(그 시절엔 중간 간부들이 쌀을 많이 착취해서 정량의 반 정도가 급식되었음) 그해 봄에 지금은 고인이 된 이원표 벗이 주선하여 이화여대생들과 4쌍이 도봉산 우이암(101 보충대에서 선명하게 보임)으로 MT를 했던 그때와 지금의 내 처지는 너무나 판이하기에 잠시나마, '난 왜? 이리 가난하고 빽 없는 농부의 아들로 태어나서 고생하나?' 부모님을 원망도 하였지만 '시골 농부가 자식을 농촌에서 서울로 활동 무대를 옮겨줬으면 됐지! 내가 왜 부모를 원망하나? 난 어떤 일이 있어도 이 가난을 벗어나 내 2세들에는 절대 대물림을 하지 않겠노라.' 입술을 깨물고 다짐했는데 입술에 피멍이 들어 며칠간 고생한 일이 아직도 잊히지 않는다.

그 후 보병 9사단 백마부대로 발령받고 그곳에서 다시 155㎜ 포병부대로 배치되어 경기 연천군 전곡에서 근무하게 되었다.

그땐 1주일에 화랑 담배 한 갑에 건빵 한 봉지씩 지급받았고 난 담배를 피우지 않았기에 건빵과 바꿔 먹곤 했다.

그리고 월급은(요즘 시세로 2만 원 정도) 한 푼도 쓰지 않고 월급 받은 다음 주말은 잠시 외출증을 받아 전곡 서점에서 숙대 총장을 하셨던 윤태림 씨가 쓴 심리학 입문, 고영복 씨의 사회심리학 지크문트 프로이트의 정신분석학 등을 구독했는데 사회심리학 및 정신분석학은 어려워서 이해가 힘들었다.

그렇게 1년 가까이 서점에 드나들던 중 서점의 여점원 누나 김 씨가 김한강 씨가 쓴 최면술 입문의 일독을 권하기에 구매하여 읽었는데 곰이 음악을 들려주면 춤을 추는 동물들의 교육과정 즉, 조건반사라든지 등등을 이해하게 되었고 부록으로 자기 수양법을 첨부하여 내용인 즉 호흡법, 응시법, 기갈법을 열거하여 책에서 설명한 대로 시행해 보았다.

그땐 내 근무 부서가 F.D.C.(Fire Direction Center) 땅굴 속이었다. 소위 작전 참모부 격이었다. 그곳에 고참이 되어가면서 책을 볼 시간 여유가 많았다.

첫째, 호흡법은 5.5.5. or 6.6.6. or 7.7.7. 등 3가지 방법으로 5초간 들이마시고 5초간 홀딩타임 5초간 내뿜는 등 심호흡 방법으로 두 달 동안 시험해 보았다. 뭐가 뭔지 몰랐지만 스님들이 장기간 정진하면서 또는 걸어가면서도 훈련을 하고 우리가 어릴 때 싸울 때나 어려운 일에 부딪혔을 때 심호흡을 하면 안정되는 것처럼 그 원리를 이해하게 되었다.

둘째, 응시법은 자기 얼굴의 1/3 정도 크기의 원형종이를 적당한 크기로 벽 거울에 붙여 종이 중앙에 점을 찍어 50㎝ 정도 거리에서 그 점을 응시하다 보면 종이 주위에 비치는 자기 얼굴은 약간 흐릿한 허상으로 보이고 그것을 줄이고 줄여 종국엔 자기 눈동자를 쏘아보아 눈동자 이외엔 얼굴이 허상으로 보일 땐 눈동자가 영롱해지고 상대방을 위압할 수 있는 눈매가 된다고 했다. 두 달 동안 시행해 보았지만, 전혀 효과가 없었고 다만 전쟁터에서 사선을 넘었거나 수사계통 사람들의 눈매는 매섭지 않은가로 이해가 되었다.

마지막으로, 기갈법은 산에 올라가서 야~호 야~호(요즘은 없지만) 하는 식으로 소리를 지르는 건데 그 방법과는 달리 아랫배에 힘을 주고 얏, 얏 짧게 목청이 쉴 정도로 고함을 지르는 방법이었다. 나는 F.D.C. 근무자라 야간 근무(야외 보초)는 배제되었지만, 아침 6시 기상이라 병사들이 제일 싫어하는 새벽 4시에서 5시까지의 보초를 자청해서 음산한 탄약고를 택해 임무 교대 후 그곳에서 1시간 동안 소리를 질렀다. 처음엔 목이 쉬더니 한 달쯤 지나니까 산에서 메아리가 들리기 시작했고 그 재미에 계속해서 소리를 질러 제대 무렵엔 부대에서 별명이 공 장군, 공사장, 가벼운 정신이상이 생겼다는 등등 뒷소리가 많았었다. 한편 제식훈련 때는 내 구령 소리가 1~2㎞ 밖에까지 들린다는 말도 들었다.

기갈법은 제대 후 복학해서 기숙사 생활을 할 때 새벽 4~5시에 불암산 가까운 곳(그땐 집이 없었음)에서 계속 소리를 질렀고 방학 땐 고향에 내려가서도 쉬지 않고 발성 연습을 했다.

난 원래 음치였다. 지금도 음정 박자는 맞지 않지만, 성량이 풍부하다는 말은 많이 듣는다. 그래서 인위적으로 목소리도 바꿨는데 뭔들 못하겠느냐는 자신감이 생겼다.

연애도 복학 후 2학년 때 같은 학년의 여학생을 소개받았는데 나이 차이가 6년이었다. 학생 때 6년 차면 아마 삼촌 같은 생각이 들지 않았을까?

그땐 고생이 심할 때로 사내놈이 얼굴에 기미는 끼었고 옷은 다 헐어서 초라하기 짝이 없었다. 난 26세 그 여학생은 20세 때 명동 본전다방(지금은 없어졌음)에서 68년 11월 19일 저녁 7시 30분에 만났는데 얼마나 실망했는지 헤어질 땐 도망가다시피 뛰어갔다.

그때의 내 모습은 교복은 낡아서 입을 수 없었고 양복은 없어서 빌려 입으려 해도 가까운 후배들의 옷은 맞는 게 없어 빌릴 수 없었다.

소개해 준 여자의 대학 선배가 "공 선생님! 정장은 기본 예의라는 건 아시죠?" 그 말씀이 아직까지 내 귀에 생생히 남아 있다.

내게는 겨울 대비용으로 가정교사 해서 번 돈으로 산 겨울용 이중 스웨터(요꼬제품)가 있었는데 그걸 속에 입고 노출되는 것이 창피해서 엷은 목도리로 스웨터 부분을 커버하고 때가 묻은 베이지색 스프링코트를 입었는데 다방에서 땀이 비 오듯 쏟아져 소개해 준 선배가 코트를 벗으라고 여러 번 재촉했지만 벗을 수가 없었다.

하지만 난 내 초라한 모습과 관계없이 그 여학생한테 첫눈에 홀딱 반해버렸고 일방적인 짝사랑 2년 반….

목소리가 바뀌고 나서 뭐든 세운 계획은 끝까지 밀어붙이는 근성이 생겨 그 짝사랑이 오늘의 내 아내다.

사회생활과 창업

군대 제대 후 4년 만에 1학년 2학기에 복학을 하고 3학년

때부터 내 개인 사업에 목표를 두고 Sales engineer 쪽으로 취직하겠다는 목표를 세웠는데 그땐 부평에 있는 신진자동차가 입지적으로도 서울서 출퇴근이 가능하고 실적과 전망이 좋았고 울산에 현대자동차가 막 창사를 하던 때였다.

그래서 3학년 때부터 복학 동기들한테 신진자동차를 가겠노라고 선언했고 4학년 2학기 때 한기상(지금은 고인이 됨) 선배와 심봉섭(2년 후배) 후배가 금속과 후배 추천을 받으러 공대에 와서 설명회가 있었는데 내가 마침 고향에 비과세 증명서를 떼러 갔을 때여서 부재중이었는데 이철원 학우가 작년부터 신진자동차를 가겠노라고 했다고 나를 추천해 줘서 7명이 응시해서 면접시험만 치르고 4명이 합격했던 기억이 난다.

그 후 70년 1월 5일 입사를 해서 김재원 회장(사장 김창원) 앞에서 신입사원 대표 선서를 해야 하는데 총무과 유태창 과장, 김태준 계장(두 분 모두 서울 법대 출신)이 내 목소리를 듣고서 회장 앞에서 신입사원 대표로 선서를 하도록 요청했다. 그리고 약 4~5개월 동안 Orientation 교육과정이 있었다.

선서 덕에 신입사원 대표를 맡게 되었고 총무과를 자주 드나들게 되면서 친분을 쌓아 내가 원하는 관련 공업과 기술지도계에 배정되어 약 1년 반 동안 납품업체 30여 곳을 수시로 방문하면서 중소기업 Knowhow를 많이 습득하게 되었고 사심 없이 성실하게 근무한 덕인지(?) 내가 창업할 당시에 기존 부품업체들의 많은 도움이 있어서 처음엔 큰 애로 없이 경영이 잘 되었었다.

내가 시작한 업종은 Press stamping parts였는데 그 당시만 해도 금형을 제작하는데 담당 기능자가 3각도 법을 이해하지 못해 실물을 주어야 그걸 척도해서 금형을 제작하는데 그 기능인의 위치는 왕 중의 왕이었다. 결근하면 집에까지 찾아가서 모셔왔던 일이 지금도 잊히지 않는다.

지금은 모든 Stamping press가 안전장치가 잘 되어있지만, 그 당시만 해도 발로 밟는 수동 족답식 press이기에 손목이 잘리는 큰 안전사고가 몇 번 났었다. 사고가 나면 근로감독관이 내사하여 여러 정황을 살피고 설명을 듣고 검찰에 고발하여 두 번이나 검사와 수사관 앞에서 진술하고 벌금을 물었던 일들이 잊히지 않는다.

오늘까지 내 개인 사유로 검찰에 소환된 건 한 번도 없었다.

개인 사업은 1971년 6월 23일 500만 원을 월 이자 4%로 빌려 공장 전세자금 400만 원에 운영자금 100만 원으로 종업원 11명과 구로구 온수동에서 시작하였고 1972년 83조치로 20년간 무이자로 바뀌었지만 어려울 때 날 도와준 은인을 배신할 수 없어 신고하지 않았고 월 이자 2%로 낮춰주기에 약 1년간은 이자 지불 지체는 있었지만 결국 몇 년 후엔 원금과 월 이자 2%를 모두 갚았다.

사업 시작 후 납품 모기업의 간부들에게 일주일에 한두 차례씩 식사 및 술 접대를 많이 했는데 나이 많은 임원들은 자리 마련도 어려웠지만, 식사나 술대접으론 가까워질 수가 없었다.

그때 가까웠던 지인이 자기가 썼던 중고 골프채를 주면서 접대를 골프로 방향 turn을 시도해 보라고 해서 오류동 공장에 살면서 서교동 골프연습장을 1년간 개근하다시피 연습하여 1년 만에 싱글 실력을 갖추게 되었다.

2년 반 만에 인천국제골프장의 챔피언이 되면서 3년 연패를 달성했고 뒤이어 양지 CC 3년 연패와 43세 때 20대의 국가상비군들(4명)을 제치고 아마추어 챔피언(1984)이 되었고 그를 계기로 전국규모대회에서 6번 우승을 했고 골프장 Champion도 15회 이상 해서 골프 영업으로 사업에 많은 도움이 되었다.

중학 시절부터 부친 옆에서 골프에 임했던 현 대구CC 우기정 회장께서 제조업 사업가로서 골프장 챔피언이 된 몇 사람 중 대부분은 망했고 현재 나만이 유일하게 사업을 모범적으로 잘하고 있다는 평도 하셨다.

현재 국내에 공장 3곳에 종업원 500여 명과 미국에 2개 회사와 멕시코에 1개 회사 종업원 540여 명. 중국에 여덟 개 합작공장과 독일에 1개 공장이 있었는데 2022년에 손해 없이 처분하였다. 지난 10여 년간 500억 이상의 배당을 받기도 했다.

맺는 말

이제 제1선에서 물러나 2세들에 전권을 위임했지만 뭔가 뜻있는 일을 하고자 나같이 돈 없어 고생하는 후배들을 위하여 성적에 전혀 개의치 말고 아르바이트하거나 가정교사를 하는 시간을 줄여주어 학업에 매진할 수 있도록 종잣돈으로 5억 1천만 원을 일봉장학금(모친 존함인 일순, 안사람 봉순의 첫 글자를 따서)으로 서울공대 재료공학부에 기여하였다. 어려운 가운데 순 내 개인 돈으로 기여했음이 지금도 뿌듯한 마음이다.

사업 시작의 발판은 wife가 홍익여고 교사를 시작으로 12년의 교직 생활을 했기에 호구지책이 있었던 것이 큰 힘이 되었다.

부잣집 딸로 고생 없이 자라 많은 고생을 감내하고 오늘까지 버팀목이 되어준 안사람한테 사랑하고 존경함을 거듭 밝힌다.

이봉순 씨 사랑합니다.

The end of the world!

挑戰과 熱情으로 壁을 넘어

龜巖 申明澈 (공학 박사)

幼年時節

나는 平山 申씨 제34손으로, 1941년 음력 8월 3일 忠北 永洞에서 태어났다. 열 살 되던 해 1950년 4월에 어머님이 돌아가시고 그해 6월에는 6·25 사변을 맞는 어려움을 겪으면서 조모님의 보살핌 속에 성장하였다. 동네에 있는 九江國民學校를 졸업하고 중학교는 읍내에 있는 永洞中學校로 진학하여 30여 리 산골길을 걸어서 통학하면서 졸업하였다. 고등학교는 아버지가 서울에서 조그마한 기와 공장을 경영하고 계셨기에 집 근처에 있는 서울工業고등학교로 진학하였다. 집안 형편상 졸업 후 취직을 목표로 실업학교를 택하였지만, 입학하고 보니 졸업 후 취직할 만한 공장도 흔하지 않을 뿐만 아니라 선배들의 취업률이 5% 내외로 저조하여 무리한 형편이지만 진학 쪽으로 마음을 정하였다.

자신감에 도취된 나머지, 당시 뜨는 학과인 서울공대 원자력공학과에 지원하여 실패하였다. 다음 해는 보다 안전한

학과에 지원하였으나 낙방하였다. 실업학교다 보니 입시 주과목 시간이 부족했음이기도 하지만 노력이 모자란 때문이었다. 3수째의 입학시험은 처음 실시하는 전국 국가 고사로 이전의 학교별 시험과는 많은 차이가 있었다. 시험 결과 좋은 점수를 얻어 금속공학과에 입학하였다.

大學時節

어렵게 들어간 대학 생활은 낭만적이어야 할 터인데 원거리 통학과 아르바이트로 낭만과는 거리가 먼 생활이었다. 새벽 일찍 대방동 집에서 버스를 타고 용산역으로 가 기차를 타고 학교까지 2~3시간 원거리 통학이다. 하교 후에는 아르바이트로 직행하는 생활의 연속이었다. 3학년을 마치고 1965년 4월에 육군 사병에 입대하였다. 운 좋게 카투사로 차출되어 미8군 사령부에서 근무하면서 3년을 비교적 편안하게 복무하고 1967년 8월에 제대하였다. 1967년 9월 학기에 4학년으로 복학하여 22회 학우들과 한 학기를 같이 하고, 다음 해 첫 학기는 23회 학우들과 한 학기를 같이하여 3개기(20, 22, 23기) 학우들과 동학의 인연을 맺으면서 1968년 8월에 졸업하였다.

KIST 入所

1968년 8월 졸업하니 때마침 9월에 한국과학기술연구소(KIST)에서 모집 광고가 있어 응모하여 10월에 재료시험실 硏究員으로 入所하였다. KIST는 월남 파병 대가로 미국의 지원으로 1966년에 설립된 기관이다. 초기 유치 과학자들에게는 연구의 자율성과 생활의 안정성을 보장해 주는 등 많은 혜택을 부여하였다. 주로 미국에서 유치한 과학기술자가 많았으며 급여 수준은 국내 대학교수의 2~3배 수준으로 하여 긍지를 갖고 연구에만 전념할 수 있는 분위기를 만들어 주었다.

그들을 보좌하는 연구원들의 대우 역시 좋아, 대학을 갓 졸업한 젊은 硏究員의 급여가 삼성 과장급에 해당하는 정도로 파격적이었다. 연구원들의 사기도 높아 밤 늦도록 연구실에 남아 연구하고 늦은 밤에 연구소 내에 있는 기숙사로 향하는 생활의 연속이었다. 그런 기숙사 생활을 하던 중 연구소 동료 중 한 사람이 "이대 약대를 졸업한 참한 처녀가 있는데 한번 만나 보겠느냐?" 하여 만나보니 소개한 동료의 妻弟였다. 그녀와 1년여 교제 후 1970년 4월에 결혼하여 1남 2녀를 두었으며 그들 모두 장성하여 지금은 제 길들을 가고 있다.

KIST에서

필자가 속한 재료시험실은 전자현미경 등 각종 시험 장비를 관리하면서 연구업무를 지원하는 부서로서, 주로 금속재료의 내부조직 및 물성 시험을 통하여 재질의 문제점을 파악하고 대책을 수립하는 일이 주된 업무였다. 외부에서도 용역을 받아, 대표적으로 수행한 외부 과제로는 방위산업 소재의 불량원인규명, 화력발전소 보일러 튜브 파열 원인 분석 등, 재질 결함 문제가 대부분이었다. 이들 과제 중 알루미늄 압출 업체와는 국방부 지원 하에 방위산업용 소재 품질고도화 연구를 장기간 수행하였다. 이를 계기로 알루미늄 연구가 필자의 주된 연구 분야가 되었다. 연이어 용접구조용 알루미늄 합금(ADD과제), 경량 차체용 알루미늄 합금(국책과제), 항공기용 Al-Li 합금(국책과제) 등 연구를 수행하였다. 이들 연구들이, 국산 알루미늄 소재가 방위산업 품질안정화를 넘어 세계 항공 소재 시장에 성공적으로 진입할 수 있게 하였다.

學位取得

KIST 출범 초기, 유치과학자를 보좌하는 연구원 자격으로 연구경력이 있는 석사학위 소지자를 원하였으나 석사학위 소지자가 드물어 자체 양성하도록 하였다. 학위 논문은 KIST 연구책임자가 연구과제 중에서 지도하고, 학점은 대학에서 취득하는 방법으로, 이웃하는 고려대학과 합의하였다. 필자는 이 제도에 따라 고려대학에서 학위과정을 이수하고 알루미늄 합금 연구를 수행하는 과정에서 "2024 알루미늄 合金의 押出變形機構 및 機械的 性質에 關한 硏究"로 1980년 박사 학위를 취득하였다.

학위 취득 후 1981년 5월에는 선진 과학기술을 접할 기회가 마련되어 미국 U.C. Berkeley 대학에서 "금속재료에의 전자현미경 활용"에 관한 연수를, 미국 에너지부에 속한 Argonne National Lab.에서 "Coal Gasification 공정에서 금속재료의 Corrosion 대책"에 관한 연구에 참여 후 11월에 귀국하였다.

귀국하니 KIST의 연구 방향에도 획기적인 변화가 이루어지고 있었다. 70년대의 주된 연구내용이 산업현장 애로 기술 개발이었던 것과는 달리, 선진국에서도 실용화 이전 단계에 있는 새로운 첨단기술 즉 컴퓨터, 정밀화학, 신소재,

생명공학 등과 같은 첨단 분야의 연구로 연구 방향이 선회하고 있었다.

그에 따라 1982년부터는 향후 성장 가능성이 있으나 기업 단독으로는 수행하기 어려운 선진기술을 모방 개량시키는 방향으로 국가 특정 연구개발 사업이 추진되었다. 국가 특정연구 개발 사업 중 신소재 분야 연구에 참여한 본인은 형상기억합금 개발 및 실용화에 관한 연구를 수행하였다. 원래 금속은 힘을 가하여 영구변형이 이루어지고 나면 원래의 형태로 되돌릴 수 없는 것이 일반적인 특성이다. 형상기억합금의 경우 영구변형 부분이 열을 가하면 변형 이전의 형태로 되돌아가는 특이한 금속으로 흥미 있는 새로운 금속에 속한다.

필자는 국내 처음으로 이들 연구에 착수하여 니티놀 합금(Ni-Ti Alloy)의 형상기억 특성 연구, 철기 형상기억합금 개발 등 소재의 특성 연구를 비롯하여 이들 합금을 치열 교정용으로, 브래지어 와이어용으로 등 실용화 방안을 연구하였다.

필자가 연구하였던 연구과제 중 하나는, 형상기억 합금을 이용하여 산업용 온폐수로부터 전력을 생산하는 장치이다. 회전판에 장착한 다수의 형상기억합금 coil spring(상온에서 펴진 상태)이 온수(50~60℃내외의 더운물)에 잠기는 순간 원래의 형상(줄어든 형상)으로 줄어드는 힘으로 회전판을 돌려 전력을 생산한다. 생산된 전력으로 전등을 밝히는 示現을 하고 있다.

한편 생체 재료 연구 분야에서는 인공 뼈 재료인 Bone Plate를 개발하여 서울의대와의 생체 적합성시험을 거친 후 ㈜세신실업에서 국산화하여 수입대체 품목으로 선정되었다. 이상 KIST에 있는 동안 행한 業績과 活動 內容을 요약하면

1) 業績
學術硏究論文 : 113編, 硏究報告書: 103編, 發明特許: 25件
著書 : "材料試驗", "生活속의 新素材 등 2卷
2) 活動內容
材料試驗室 室長, 精密金屬材料 室長, 硏究發展協議會 會長

상기와 같은 업적과 활동의 결과로 1991년 과학의 날에 정부로부터 國民勳章 木蓮章을 수상하였다. 1990년대 들어서는 소비에트 연방이 해체됨에 따라 폐쇄되었던 러시아 기술을 용이하게 접할 수 있는 기회가 열리게 되었다. 그에 따라 세계적으로 앞선 기술을 보유하고 있는 전문 연구자를 초빙하여 기술 발전에 활용하였다. 필자는 형상기억합금, 폭발용접분야 전문가를 초빙하여 연구 요원으로 활용하였다. 국내 기술 안착에 기여하였다.

退職 後 招聘 敎授
원래 출연 연구기관 정년은 65세였다. 1998년 정부가 IMF에 구제 금융을 신청하면서 정부에서는 65세 정년인 대학교수 및 출연 연구기관의 정년을 61세로 하향 조정하는 정부안을 마련하였다. 정부 출연기관은 정부안대로 61세 정

년으로 하향 조정하였으나, 사립학교가 혼재하는 대학의 경우 65세 정년 그대로 존속하게 되었다. 정부에서는 이의 보상책으로, 정년이 줄어든 출연기관의 고급 인력을 지방대학 육성에 활용하는 새로운 방안을 마련하였다. 출연기관 퇴직자가 비수도권 대학에서 강의를 맡을 경우 강의료를 정부에서 보조하는 제도로 시간강사와 달리 방학 동안에도 급여가 나오는 초빙교수 제도이다.

필자는 충북대학의 초빙교수로 신청 임명되어 주로 KIST에서 연구하였던 내용들을 정리하여 전수하는 방법으로 65세까지 대학원 3시간 강의를 수행하였다.

中小企業 15年

충북대 초빙교수 퇴임 후 KIST 명예연구실로 출입하던 중 폭발용접에 경험이 있는 퇴직자를 찾는 중소기업이 있어, 2009년 1월에 입사하여 15년째 근무하고 있다. 초기에 강원도 폐광을 구입하여 시제품을 생산하는 한편, 미국의 폭발용접 전문 업체와 합작 회사 설립안이 오가는 등 의욕적으로 추진되던 사업이 소음공해라 외치는 환경단체들의 저항에 못 이겨 3년 만에 폭발용접은 폐업하고 대신 전력이 있는 전통 용접사업으로 새롭게 출발하였다.

이들 분야는 경쟁이 심한 분야로, 성능이 보다 향상된 새로운 제품 개발로 경쟁하기로 하였다. 성능이 우수한 새로운 제품임을 특허로 입증하고 공인 기관으로부터 인증을 받아 객관성을 입증한다. 이들 전략이 성공하여 주로 발전소를 상대로 발전용 기자재를 납품하고 있다. 필자는 납품할 제품의 문제점을 파악하고 개선방안을 연구하여 특허를 창출하고 시제품을 만들어 납품으로 연결되도록 돕는 역할을 한다. 일이 즐겁다.

맺는말

심심산골에서 호롱불 아래 공부하며 자란 소년이 젊어서는 우리나라 산업화 과정의 최일선에서 기술개발에 진력하고 노년에는 신제품 개발에 매진하고 있어 황금 같은 삶을 살고 있구려.

박태준 회장 기념관을 다녀와서

정 장 훈 (㈜해동공업 대표이사)

박태준 회장 기념관

부산시 기장군 임랑 해안 가까이 있는 포스코 초대 회장이며 32대 국무총리를 역임하신 청암 박태준 회장 기념관을 찾았다. 기념관은 생가와 인접한 부지에 아담하고 소박하게 건립되어 지난해 12월 14일 개관하였다. 기념관은 박태준 회장님과 부인 장옥자 여사 그리고 자녀분들 손주들 등 가족분들의 화목한 사진과 친필 엽서 등 자료를 전시하여 박태준 회장님의 내면의 참모습을 보여주고 있었다. 박정희 대통령의 강력한 의지로 추진된 국가 大業인 포항제철을 창업하고 세계 최고의 철강회사를 완성한 불같은 열정과 억센 끈기와 모진 풍파를 이긴 승자로서 강한 면모는 박태준 기념관엔 없다.

기념관 조형과 구성 자체가 청빈한 성품과 소박함의 상징인 그를 더 우뚝하게 느끼게 한다. 세간에 혹자들의 기념관들은 그 인물의 외형적 공적과 명망을 과대 미화 전시하여 속물의 역겨움을 느끼게 한다는데 특히 정치인과 전직 대통령 중에도 그러한 이들이 있다. 박태준은 평범한 일상 속에 우리와 같은 공간에서 같은 이웃으로 숨 쉬고 있었음을 느끼게 한다. 오로지 기념관 한편에 전시된 도서 몇 권에서 그의 자취를 찾을 수 있다. 눈에 띄는 도서는 소설가 조정래가 쓴 '인물 이야기 박태준'과 그 외 '강철왕 박태준', '박태준의 리더십' '철강왕 박태준의 경영 이야기' 등이다. 단지 외부에 있는 안내 상징물과 구석 자리에 놓인 벤치 의자 素材가 두꺼운 鋼片으로 만든 그것 이외는 鐵鋼 巨人의 흔적은 없다. 기념관 中庭에 생가를 지킨 노송의 힘찬 생명력이 그의 위대함의 탄생지라고 일러준다. 공개하지 않은 수장고에 유품이 궁금하지만 값비싼 유물이 아닌, 우리 모두에게 전할 소중한 흔적을 남겨 두었으리라. 그가 남긴 위대한 유산은 수만 년이 흘러도 마르지 않는 불별의 국가 자산이다

밖으로 나오니 임랑 해변의 파란 물결과 고리 원전의 반원형 돔이 멀리 보인다.

고리 원전은 우리나라 원전 강국의 상징이다. 이 또한 위대한 지도자 박정희의 위업이다. 국민의 오판으로 무지한 자에게 국가 권력을 맡겼더니 탈원전이라는 국부를 파괴하는 퇴행으로 나라를 말아먹는 惡行을 저지르고 있다. 製鐵과 原電은 우리가 모두 지켜야 할. 소중한 국가 원동력이다. 해안 따라 몇 걸음 옮기자 가수 정훈희의 라이브 공연 카페가 있다. 매주 토요일 일요일 3시에 공연이 있다.

잠시 차를 마시며 30여 년 전 청암 박태준 회장님과 인연을 회고했다.

청암 박태준 회장과 첫 만남

1991년 8월 20일 새벽 3시경쯤 요란한 전화벨 소리에 잠이 깨 전화를 받았더니 다급한 목소리로 우리 공장이 침수되고 있다고 옆 공장 당직자가 긴급 연락을 해서 차를 몰고 나섰으나 회사로 가는 도로가 모두 침수되어 차를 돌려 회사가 보이는 높은 지대로 가까스로 도착해서 공장을 바라보니 공장 지붕과 외벽만 보일 뿐 접근할 수가 없었다. 전날부터 울산 지역에 상륙한 태풍 그레디스호는 600㎜라는 엄청난 폭우를 퍼부어 울산 효문공단이 물바다를 이루었다. 내가 경영하던 해동공업 공장 옆으로 흐르는 소하천 연암천의 둑이 무너지면서 급류가 그대로 5천여 평 공장을 덮쳤다.

물이 빠지고 나서 공장에 들어가니 그 참상이란 말로 표현할 수 없을 정도로 쓰레기와 진흙더미에 범벅이 되어 기계장비들은 뼈대는 알아볼 수 있으나 장치의 주요 부분인 전기 제어장치와 유압 장치들은 가동 불능 상태로 되었다. 회사직원들과 함께 쓰레기와 진흙을 물에 젖은 중요서류며 기계 도면을 맑은 물로 씻는 등 주야로 수해 복구에 전력을 다하고 있었으나 회사 정상화란 요원하기만 하였으며 직원들도 나도 실의에 빠져 있었다. 울산 효문공단 수해 피해 참상이 전국 뉴스로 중앙에 알려지고 정치권에서도 깊은 우려와 수습을 위해 현장 확인 차 울산을 방문하였는데 피해가 규모가 가장 큰 우리 회사가 피해 확인 대상이 되었다. 당시, 정치권은 노태우 정부의 민정당과 통일민주당 김영삼, 신민주공화당 김종필이 합당하였으며 박태준 의원이 여당인 민정당 당 대표였다 8월 29일 오전 박태준 민정당 대표가 울산지역 4선 국회의원 김태호(전 내무부장관), 심완구 의원(민선 울산광역 시장), 정몽준 의원과 20여 명 국회의원과 50여 명 취재진이 우리 회사를 찾아왔다.

나는 피해 상황 보고와 침수 원인에 대해 설명하고 피해 현장을 안내했다. 박태준 대표께서는 공장 구석구석 흙탕물속을 다니시면서 이렇게 해보라 저렇게 고치라 조언하시고 공장 설계실에 들러 직원들이 젖은 도면 수백 장을 빨랫줄에 말리는 걸 보시고 앞으로는 도면 같은 중요 문서를 마이크로필름화해서 보관 관리하도록 조언하셨다. 공장 Yard에 제작 중인 대형 Chemical Reactor(화학반응 설비)를 설명하던 중 철판 자재 두께가 120㎜ 되는 후판 철판에 새긴 포스코 마크와 규격을 유심히 살펴보시더니 이 철판이 어떻게 여기 와 있는가? 라고 묻기에 롯데케미칼로부터 주문 받은 고온고압 화학 반응설비를 만들기 위해 포스코에 발주하여 설비를 제작하고 있다고 설명해 드렸다.

이 철판은 SA516-70이라는 High manganese, High carbon Steel plate로 그간은 일본에서 전량 수입해서 쓰던 철판인데 이번에 우리 회사가 최초로 시험 발주한 것인데 여러 차례 실패를 거듭하다가 드디어 국산에 성공하여 공급받았는데, 포스코는 중요 제품 개발이라 박태준 회장께 보고되었던 제품이었다고 한다. 그 철판을 확인하고 나서 고온고압 특수 화공기계 제작 능력에 대해 질문을 하시기에 우리 회사가 보유하는 화공기계 제작 국제규격인 미국 기계기술자 협회 설비기준규격(ASME)의 고압용기 및 고압보일러 제작기술 인증인 U&S Stamp를 보유하고 있다고 설명해 드렸더니, 다시 전공을 묻기에 금속공학이며 포스코에 동기들이 있다고 했더니 누구냐고 묻기에 홍상복이라고 했다. 그랬더니, "오~ 그래." 하시면서 큰 소리로 "이 친구가 홍상복이 동기래." 하시더니 내 어깨를 안아주면서 '자네'라고 부르기 시작했다. 당시, 홍상복은 포스코 공채 1기 중에서 선두로 기술 담당 임원으로 박태준 회장의 두터운 신임을 받고 있었다. 현장 시찰을 마칠 무렵, 오늘 점심을 여기서 먹고 싶다고 하셔서 방문 일행 150여 명과 함께 수해로 어수선한 회사 식당에서 스테인리스 식반으로 배식되는 단출한 식사를 하셨는데, 덕분에 우리 직원들은 한 시간 뒤에 식사하게 되었다. 나중에 알고 보니 정몽준 의원과 현대중공업 영빈관에서 만찬을 하기로 예정되어 있었는데 갑자기 변경하신 것이다.

점심 식후 고충을 건의하라 하시어, 중소기업이 대기업으로부터 주문을 받게 되면 현금으로 자재를 사야 하고 제작 기간 수개월간 인건비도 현금으로 지급해야 하지만 납품 후 수금은 3개월짜리 어음을 받아 은행에서 할인해서 현금을 만들지 못하면 사금융에서 고율의 이자를 공제하고 현금으로 바꿔야 하는 등 과중한 금융비용 부담으로 생존이 어려워 설비 기술개발이나 고급 기술인력 개발은 엄두도 못 내는 고충을 소상히 설명해 드렸더니 수행비서에게 메모를 시키고 기업은행 지점장에게 대책을 검토하라고 지시하는 한편 국가 하천 부실 관리로 재해가 크게 발생한 그것에 대해 재난관리 책임자인 울산 시장에게 강한 경고를 하였는데 며칠 후 인사 조처되었다.

우리 회사에 3시간 이상 머무시면서 대부분 시간을 나와 대화하며 격려를 해주셨다. 시찰을 마치고 떠나시면서 종업원 대표를 불러 금일봉을 주시면서 격려하고 나를 따로 불러 수해 복구를 빠른 시간 내에 마무리하고 정상화하라 하시며 큰 어려움 있으면 찾아오라고 격려하시고 떠나셨다.

다음날 포항에 있는 동기 홍상복이 부부 동반으로 울산 우리 집으로 찾아왔다. 박태준 회장께서 자네 친구가 수해로 어려움을 겪고 있다고 전해 주셔서 찾아왔단다.

며칠 뒤 포스코 임직원 15명이 회사로 찾아와서 회사의 자재 수급과 영업을 지원해 주어 어려움 속에서 정상화를 이루어 나가게 되었다. 그 후 3개월 뒤 박태준 회장님을 다시 뵙게 되는데~

청암 박태준 회장과 재회

수해를 입은 지 3개월 동안 주야로 노력한 끝에 조금씩 정상화되고 있었다. 무너진 건물과 지하 도장시설 보수와 주요 기계 부품은 해외에 주문하여 수리하였고 300여 대 특수용접기도 전문업체에 맡겨 수리를 마쳤다. 그간 수리 비용과 건물공사비는 3개월 어음을 발행하여 지급하였으나 250명 급여는 단기 금융사에 자기 어음을 할인하여 지급해 왔는데 그간 3개월간 전 직원이 오로지 수해 복구에 매달리다 보니 매출이 없으니 수입이 없이 부채가 엄청난 액수로 불어났다. 주거래 은행인 기업은행을 찾아가 추가 대출을 요구했으나 담보가 부족하다는 이유로 거절되는데 이유는 수해로 부서진 20억짜리 기계 장비를 10억을 들여 수리했다고 해서 담보 가치가 30억으로 증액되는 것이 아니라 원래 가치 20억으로 수리비로 지출한 10억은 고스란히 새로운 빚으로 남게 되었다.

그간 쌓인 20억 원을 9월 20일 자로 결재해야 하는 절박한 상황에 부닥치었다. 발행한 어음 리스트를 놓고 아무리 고민해도 해결할 방법이 없었다. 수해 당시 박태준 대표께서 떠나시며 '어려움이 있으면 찾아오라'고 지나가는 말처럼 하신 말씀이 귓전에 남아 있었다. 내 등에는 250명의 생존이 달려있고 그간 수십 년간 이루어 놓은 기업이 무너진다고 생각하니 용기가 생겼다. 9월 17일 민정당 당 대표실로 박태준 대표와 통화하고 싶다고 전화를 했는데 비서실장이라는 사람이 꼭 통화하려면 1주일 후에 가능하다는 대답이다. 어음 결제는 3일 후 20일 다가오는데 막막하였다.

박태준 대표 댁이 서울 서대문구 북아현동이라는 말만 듣고 무작정 서울로 차를 몰았다. 밤 11시경 북아현동에 도착했으나 어느 집인지 알 수 없어, 북아현동 파출소를 찾아가서 내일 행사 때문에 왔다고 둘러대며 박태준 대표 댁을 알려달라고 하자 무궁화 잎사귀 3개짜리 경사가 오토바이로 앞서가며 안내를 해주었다. 집 앞에 도착하니 전경들 수십 명이 집 주위를 경계근무를 하고 있었다. 근무책임자(경위)를 만나 인사를 하고 내일 행사 때문에 왔노라고 아침 몇 시쯤 나가시는지 물었더니 6시에 나가실 때도 있고 8시, 9시에도 나가시는데 내일은 잘 모른단다. 가까운 여관에서 자는 둥 마는 둥 뒤척이다가 새벽 5시 반에 도착하니 집안이 아직 고요하기만 했다.

6시 무렵 안채의 불이 켜지고 한동안 아무런 기척이 없었다. 7시가 조금 지나 쪽문에 달린 초인종을 누르자 젊은 집사가 쪽문 틈으로 내다보며 무슨 용무냐고 묻기에 박태준 대표를 만나러 왔다고 하며 명함과 울산에서 찍은 사진을 주면서 대표님께 드리면 만나 주실 그거라고 사정했더니 오늘 저녁에나 전해 드리겠다고 하며 며칠을 기다려도 못 만나니 그냥 돌아가라고 핀잔을 주었다. 그 소리를 듣자 힘이 빠지고 날씨도 무척 추웠다.

7시 45분쯤 검은 승용차가 도착하더니 내리는 사람이 한진그룹 조중훈 회장인데 초인종을 누르고 인터폰으로 "조중훈입니다." 하자 문이 열리고 안으로 들어간 후 15분 만에 다시 나오는데 박 대표가 함께 나오시면 얼른 인사를 드릴 준비를 단단히 하고 서 있으나 쪽문 멀리서 안녕히 가시라고 하는 여자 목소리만 들릴 뿐이었다.

8시 30분쯤 또 한 대의 승용차가 대문 앞에 섰는데 풍산금속 유찬우 회장인데 집에 들어가지 않고 대문 밖에서 나와 함께 나란히 서 있었다.

9시가 될 무렵 경호원들의 무전기에서 Voice로 '대표님 나가신다'고 일제히 울리자 검은색 승용차가 대문 가까이 세워지고 기사가 뒷문을 열어둔 채 기다리고 나와 유찬우 회장 뒤로 경호 전경 수십 명이 둘러쌌다. 당시 14대 국회의원 공천 심사 기간이라 공천 희망자들이 떼를 지어 민정당 당대표인 박태준 대표 집으로 찾아와서 밤낮으로 면담을 요청하는 바람에 모든 외부인 접근을 철저히 통제하고 있었다가 곧 박 대표께서 나오실 텐데 나를 알아보지 못하고 곧바로 떠나 버리면 모든 게 허사가 될 뿐 아니라, 뒤에 일어날 일들을 감당키 어려운 절박한 순간이었다.

드디어 문이 열리고 박 대표께서 정면을 쳐다보는 순간 나도 모르게 "박 대표님! 저~ 정장훈입니다." 라고 외쳤다.
잠시 머뭇거리시더니 "어~ 자네." 하시며 차 뒤를 돌아 내게 다가오시면서 "수해 복구는 다했나? 언제 왔어?"
"오늘 새벽에 왔습니다." 하자 얼른 내 손을 잡고 다시 집 안으로 들어가시면서 "이른 아침에 무슨 일인가? 수해 복구는 완료했나?" 거듭 묻기에 "기업은행으로부터 복구자금을 지원받지 못해 회사 문을 닫아야 하는 위급한 상황에 부닥쳐 죽고 싶습니다." 라고 말씀드리자 "무슨 소리야!" 언성을 높이시며 "물에 빠져도 죽지 않은 자네가 죽기는 왜 죽어!"

박태준 대표댁 마당에 서서 말씀드리는 도중에 부인 장옥자 여사가 나오셔서 이 사람이 누구냐고 묻자 박 대표께서 지난여름 울산에 수해 손해를 입은 정 사장인데 새벽부터 집밖에서 여태 떨고 있었구먼. 나는 바빠서 나갈 테니 박득표 사장(당시 포스코 사장)에게 전화해서 정 사장을 기업은행 행장과 면담하게 하고 그 결과를 내게 알려주시라고 하시고 나가셨다. 거실로 들어서자 장 여사님이 "아침 안 먹었지요?" 하시기에 "커피만 한 잔 주십시오." 했는데 커피를 가져온 사람이 새벽에 명함을 건네받고 일주일을 기다려도 못 만난다고 핀잔을 준 집사였다. 박태준 대표 집은 나지막한 단층 건물로 안채와 별채가 나란히 서 있는 남향집으로, 대문에서 현관까지 약 스무 걸음 정도가 되는 마당에 잔디가 심겨 있고, 거실에는 낡은 가죽 소파와 소박한 나무 탁자만 있을 뿐 눈에 띄는 가구나 벽에 그림 한 장 없는 대신 벽쪽 작은 탁자에 가족사진 몇 장이 전부였다. 다소, 텅 빈 사무실 같은 느낌에서 밝고 티 없는 집안 분위기를 느꼈다. 나중에 들은 이야긴데 이 집은 박정희 대통령이 집 한 칸 없는 박태준 회장께 마련해 준 집인데 훗날 팔아서 사회 복지 재단에 기부했다고 한다.

  내가 커피를 마시는 동안 장 여사께서 포스코 본사 박득표 사장에게 아주 공손한 말씨로 박 회장님이 부탁한 내용을 전달하자 저는 지금 포항에 있는데 오늘 토요일이라 오전 중에 서울에 올라갈 수 없으므로 대신 서울에 있는 임원이나 간부를 시켜 면담토록 하겠다고 했다. 기다리는 동안 장 여사님이 여러 가지 말씀을 하시면서 지난번 울산을 다녀오시고 나서 매우 안타깝다고 말씀하셔서 잘 알고 있다며 평소에 밖에서 일을 집에 와서 말씀을 잘 하지 않으시는데 울산 일은 특별히 말씀하셔서 기억하고 있단다.
  그래서인지 상당히 친근해하시며 소소한 집안 이야기를 들려주시는데 듣고 있는 내 머릿속은 내 걱정으로 어둡기만 했다. 얼마 후, 포항 본사 박득표 사장으로부터 서울주재 곽무남 재무부장이 안내하기로 했다는 연락을 받고, 바로 서울사무소 곽 부장에게 전화를 걸어 "저 여기 박 회장님 안사람인데요. 회장님 부탁으로 울산에서 온 정 사장님을 기업은행 행장과 면담을 잘 부탁한다."고 통화하는데 간곡하고 자상함이 큰 감동으로 아직도 가슴에 남아 있다.

  서울사무소 곽무남 부장 방에 들어가니 통화를 하는데 들어보니 중요한 손님과 급한 일로 한일은행 행장과 점심 약속을 취소하는 전화였다. 곽 부장과 함께 기업은행 행장 방을 방문했으나 행장은 출타 중이고 대신 박종대 부행장(후에 평화은행 행장)을 면담하였다. 이어, 여신 담당 본부장이 우리 회사 자료를 가져와서 은행의 고충을 설명하며, 기업은행도 대출 자금이 고갈되어 어렵다고 하면서 포스코에서 여유자금을 장기로 정기예금 200억 원 해주면 해동공업에 긴급 경영 안정 자금으로 20억 원을 대출해 줄 수 있다고 하자 곽 부장이 회사에 보고하고 가능하다고 답변하자 박 부행장이 얼른 울산에 내려가서 대출 신청서를 내라고 하면서 대출을 승인해 주었다. 당시 포스코는 회사 여유자금을 5개 시중은행에 저금리로 100억에서 500억씩 정기예금을 해주어 은행을 지원했는데, 기업은행은 5개 시중은행이 아니므로 대상이 못 되었다. 오늘 곽 부장과 점심 약속을 했던 한일은행장도 포스코 양질의 예금을 유치하려 했으나 나로 인해 불발된 것으로 알고 있다. 나는 하늘을 나는 기분으로 울산으로 내려가는 비행기를 탔다.

맺는말

물에 빠진 사람을 건져서 보따리까지 챙겨 주고 제 발로 걸어가게 챙겨 주신 성품은 천성이 따뜻한 가슴을 갖고 있으면서도 용광로 같은 열정을 내게 주셨다. 짧은 인연이지만 그분의 고귀한 성품을 적어 보려 한다. 비록 나에게 주신 배려는 누구에게도 공정하게 용기를 주실 분으로 믿고 있다.

박태준은 '성격이 칼날 같고 얼음장처럼 차가우며 인간미가 없는 사람이다'고 잘못 알고 있는 사람들이 있다. 이는 그분의 일면을 잘못 보고 하는 말이다. 자신에 대해서도 엄격하며, 불의에 대해 타협하지 않는 원칙론자이다. 자신도 검소하지만 가까운 친인척들에게도 작은 이권도 허락하지 않았으며 친동생마저도 작은 서민 아파트에 거주하며 아주 곤궁하게 생활하고 있었다. 정치를 하시면서도 불의에 타협하지 않고 권모술수가 난무하는 현실정치에 갈등을 겪기도 했다. 총리가 되신 후 울산에 두 번 오셨는데 주변 분들과 대화할 때 부드럽고 자상한 면모를 보여주셨다.

나에게 파멸의 순간에 다시 일어날 기회와 용기를 주신 덕분에 내 나이 80에도 내가 하는 금속 관련 일에 자부심을 실현하고 있다.

철강(鐵鋼)은 내 인생

홍 상 복 (POSCO 기술담당 부사장)

포항종합제철 주식회사가 탄생하기까지

일제 치하와 6·25 전쟁의 폐허 위에서 자본도, 자원도, 경험도, 기술도 없던 이 땅 위에 산업의 쌀인 철강산업을 일으켜 나라의 경제를 일으키고자 하는 역대 정부의 피나는 노력은 이승만 정부 초기부터 제2공화국, 제3공화국에 이르기까지 5차례에 걸쳐 시도됐으나 모두 자금조달 문제로 무산되다가 박정희 정부의 제2차 경제 개발 5개년 계획에서 비로소 현실성 있는 가시권에 들어서게 된다. 박정희 대통령의 불굴의 의지가 투영된 종합제철의 건설이라는 비전이 1964년 제102차 경제장관회의에서 철강공업 육성계획이 의결되면서 그 꿈이 열리게 된다.

박정희 대통령은 1965년 5월 미국 존슨 대통령을 예방하고 정상회담에서 종합제철 건설을 위한 개발차관과 기술지원의 필요성을 역설하게 된다. 이어서 미국의 철강기획 자문회사인 코퍼스의 포이 회장을 만나 국제제철차관단 구성을 제의하고 긍정적인 답변을 얻어 낸다.

이를 계기로 미국, 서독, 영국, 이탈리아, 프랑스 등 5개국 8개 사로 구성된 대한국제제철차관단 KISA (Korea International Steel Associates)가 구성되고 드디어 1967년 10월 KISA와의 기본협정이 체결되기에 이른다. 이와 함께 1967년 10월 3일 종합제철 공업단지 기공식이 열리고 1967년 11월 10일에는 종합제철사업 추진위원회가 발족되어 위원장에 대한중석의 박태준 사장, 위원에는 윤동석 교수를 비롯한 12명이 임명되게 된다.

1968년 3월 20일에는 포항종합제철 주식회사가 상법상의 주식회사로 출발하게 되고 드디어 동년 4월 1일에 창설요원 34명으로 회사가 창립된다. 한편 KISA와의 업무협정체결을 계기로 조강 연산 60만 톤 규모의 일관제철소 건설을 위한 일반기술용역계약서 GEP가 확정되었으나 대한 차관 공여를 약속받기 위해서는 경제적 타당성을 검증받아야 하는 절차가 남아 있었다. 이를 위해 IECOK와 IBRD가 개입하게 된다.

1968년 11월 IBRD 조사단은 한국경제동향보고서에서 한국은 종합제철 건설보다 기계공업발전에 우선순위를 두어야 한다는 건의서를 정부에 제출하면서 사실상 종합제철의 경제적 타당성을 불인정하게 된다. 이후 박태준 사장은 미국을 방문하여 KISA와 미국의 진의를 확인하고 귀국하려던 차에 포이 회장으로부터 마음을 달랠 겸해서 이컨 부사장 소유의 하와이 콘도에서 쉬다 가라는 제의를 받고 하와이에 들르게 된다.

이를 계기로 박태준 사장의 회심의 아이디어 〈하와이 구상)이 드디어 탄생하게 된다. 차관교섭이 완전히 무산되면서 종합제철 사업이 물거품 될 뻔한 상황에서 대일 청구권 자금 일부를 전용하면 되겠다는 아이디어를 떠올렸다. 대일 청구권 자금은 당초 한일 국교정상화 조건으로 1966~1975년 10년간 매년 한국의 농수산 산업 진흥에 사용하도록 분할 지급하는 성격의 자금이었다. 박태준 사장은 귀국 후 이 아이디어를 정부에 제의하고 박정희 대통령의 재가를 받게 된다.

대통령의 재가를 받았지만 청구권 자금의 전용 문제는 일본 정부와 재계의 동의를 받아야만 되는 것이었다. 이때부터 박태준 사장과 정부의 집요하고도 끈질긴 대일 교섭 활동이 전개된다. 특히 일본 재계와 정부 각료의 절대적 신임과 존경을 받고 있던 양명학의 대가 야스오카 마사히로 선생의 전폭적인 지지와 그의 소개로 알게 된 일본 정재계의 실력자들을 만나 열정적인 설득 작업을 전개하게 된다. 그리고 드디어 이 설득 작업이 빛을 발하여 1969년 8월 28일 제3차 한일각료회담에서 공동성명서를 발표하고 일본 정부 조사단의 파견을 약속받는다.

그 후 일본 정부조사단의 타당성 인증을 받아 1969년 12월 3일 드디어 한일 기본 협약이 체결된다. 그 내용은 일본 측은 3년 동안 7,370만 불의 대일청구권 자금(유상 4,290만 불, 무상 3,080만 불)과 일본 수출입은행 차관 5,500만 불 등 총 1억 2,370만 불을 제공하고 제철소의 규모, 설비 내용, 건설 공사 등은 일본 조사단의 보고서에 따라 확정한다는 조건이었다. 이후 1970년 1월 1일에는 법률 제2181호로 철강공업육성법이 제정되어 정부의 전폭적 지원이 이루어지게 된다.

일본 측은 일본기술자문용역단(JG, Japan Group)을 구성하여 이들이 작성한 예비기술용역계약서(PE)를 제출하고 이어서 본 기술용역계약서(TE)를 체결하게 된다. 이로써 포항종합제철의 1기 설비 규모는 조 강 103만 톤의 일관제철소로서 고로, 소결, 코크스, 전로, 조괴, 석회소성, 분괴, 열연, 강편 및 부대설비를 갖추게 된다.

입사 전후의 이야기

1968년 졸업을 앞두고 당시 금속과의 철야금분야 교수이자 종합제철 사업추진위원회의 위원으로 활동하시던 윤동석 교수님께서 종합제철의 비전을 설명하시면서 학생들에게 포항종합제철 입사를 강력하게 권유하신 것을 계기로 1969년 3월 1일 공채 1기생으로 입사하게 된다.

입사동기생은 총 13명으로 이 가운데에 7명이 서울공대 졸업 동문이며 본인 이외에 62학번 동문으로 권순명 군과 고인이 된 손석문 군이 있었고 입학은 후배이나 졸업 동기인 이구택 군, 이택우 군, 김양곤 군, 그리고 기계공학과 김종근 군이 있었다. 우리들의 입사 후 1~2년 후에는 경력직 모집을 통하여 고인이 된 이원표 군과 박명하 군이 입사하고 전기과의 최휘철 군, 토목과의 이정부 군과 김문순 군, 광산과의 조광선 군 등이 합류하게 된다.

입사와 동시에 우리 일행 13명은 곧바로 열차 타고 포항으로 내려왔다. 당시 인구 7만여 명에 지나지 않던 포항에 내려서니 진한 바다 내음이 진하게 풍겼던 기억이 지금도 새롭다. 당시 종합제철 사업은 KISA와의 협상이 본격적으로 진행되던 중 IBRD의 경제적 타당성 검증 과정에서 차관선 확보가 거의 무산되었을 때라 회사의 분위기는 좌절감에서 헤어나지 못하던 상황이었다. 제철에 대해서 거의 무지했던 우리 신입 동기들은 회사의 어두운 분위기 속에서도 당시 KISA가 작성하여 제출했던 기술용역계약서(GEP)를 바이블 삼아 열심히 공부하면서 회사의 눈치를 살피고 있었다.

그러나 전술한 바와 같이 박태준 사장의 하와이 구상을 계기로 대일 청구권 자금의 일부 전용 방안이 구체화되고 확정되면서 포항종합제철의 그림이 명확해지고 회사는 새로운 활력을 찾게 된다. 이때부터 회사는 일본 기술용역 자문단(JG)과의 협상팀을 구성하는 한편 향후 있게 될 기술도입, 설비사양 확정, 설비 구매방안 결정 등의 업무에 대비하면서 기술훈련에 대비한 직원 훈련계획을 세우고 그 일환으로 우리 신입 사원들에게 강도 높은 일본어 교육을 시행하게 된다.

우리 신입사원 중 공학계열 직원들은 처음 기술부에 배속되었다. 그러던 중 유석기 기술부장께서 우리 신입 직원들에게 향후 일하고 싶은 희망 분야를 제출하라는 말씀이 있었다. 한참을 고민하다가 나는 제강분야를 선택했고 권순명 군은 제선분야를 나머지 사람들은 압연분야와 생산관리 분야를 나누어 택하였다. 제철소의 상징은 용광로(제선)이었으나 철강 제품의 양과 질을 결정하는 핵심 공정은 제강이라는 사실을 염두에 둔 선택이었다. 이것이 계기가 되어 나는 평생 제강인으로 살아가게 된다.

　JG와의 협상을 앞두고 나는 당시 제강분야 담당이셨던 신광식 과장 밑의 보조요원으로 JG와의 실무협상에 참여하면서 당분간 서울 본사 근무를 하게 된다.

　이에 앞서 나는 포항 생활을 하던 중 내 인생의 또 다른 큰 행운을 맞게 된다. 얼굴 예쁘고 똑똑한 포항 처녀를 지인의 소개로 사귀게 되었고 드디어 1971년 여름에 신혼가정을 꾸리게 되었다.

　한편 당시 야와타 제철과 후지 제철이 합병하여 신일본제철이 됨에 따라 JG 기술용역단의 구성은 신일본제철과 일본강관의 2개 사가 되었고 일본강관은 제강 분야, 신일본제철은 제선, 압연분야를 전담하는 구도가 되었다. 신광식 과장의 보조요원으로 장시간 밀고 당기는 협상 끝에 제강 분야의 설비 규모와 구성이 확정되면서 조강 103만 톤을 전제로 혼선로, 전로, 조괴, 석회소성, 산소 공장으로 구성된 설비믹스를 갖추게 된다. 이때 전제 조건의 하나로 앞으로 생산될 철강 제품의 구성은 일반 구조용강, 일반강관용 강재, 일반 용접구조용 강재 등 커머셜 그레이드의 제품믹스에 한정되면서 소위 고급 강 범주에 대해서는 기술의 Scope of Supply에서 제외됨으로 포항제철의 제품경쟁력에 제한을 두고자 하는 일본 측의 의도가 명확해진 점이 두드러진다. JG와의 협상 업무가 종결되면서 나는 다시 포항으로 내려와 제철소의 직제 개편으로 탄생한 제강부에 배속되었고 곧바로 제강기술계장의 보직을 부여받았다.

　제강기술계장의 주요 업무는 기술 표준, 제강요령서 작

성, 조업 자재의 조달을 위한 구입사양서 작성 등이었고 이 때부터 길고도 먼 제강인의 삶이 이어지게 된다. 1972년 일본강관 미즈에 제철소에서 3개월간 기술 연수 과정을 받고 조업 요원들은 6개월간 체재하면서 온몸으로 조업기술을 연마하게 된다. 이때 잊을 수 없는 것은 당시 야마가 공장장과 우리 측의 신광식 공장장이 의기가 투합되면서 우리 훈련생만으로 10일간 공장을 직접 운전하도록 배려해 준 결단은 지금도 우리의 심금을 울리고 있다. 이에 대한 감사의 뜻으로 당시 훈련에 참여했던 우리 측 간부들이 2017년 45년 만에 일본을 방문하여 당시의 야마가 공장장과 간부들을 만나 사은회를 열기도 하였다.

일본 따라잡기

1973년 7월 3일 마침내 포항종합제철이 대망의 종합준공식을 거행하면서 우리는 앞으로 우리의 꿈의 날개를 어떻게 펼쳐 나갈 것인가 하는 전략 전술적 행동 목표를 고민하기에 이른다. 당장 최우선의 과제는 정상조업도를 조기에 달성하면서 그동안 일본에서 배우고 일본 기술자가 제공한 기술을 온전히 흡수하여 우리의 시스템 속에 완전히 체화시키는 일이었다. 목표는 일본 수준까지 최대한 빠른 시일 안에 도달하는 것이었고 이를 위해서는 우리에게 주어진 시간과 열정의 Input을 극대화해야 하겠다는 단순한 전략이었다.

월화수목금금의 근무 패턴이 일상화되기에 이르렀고 하계휴가, 명절 휴가도 스스로 반납하면서까지 일에 몰두하였다. 그런데 이 전략은 너무나 확실한 결과를 보증해 주는 방법이었다. 일본 수준이라는 것은 이미 결과로 실증된 실체

이므로 일본을 따라 하되 일본이 100보 나아갈 때 우리가 200보를 나아간다면 논리적으로 일본을 따라잡을 수 있는, 그래서 성공이 보장된 전략이다. 포항제철 1기 설비는 너무나 기초적이고 베이식한 설비로 구성되었을 뿐 아니라 제품의 종류도 저급 그레이드의 열연, 후판 제품 위주의 생산 체제이었기에 실용적인 기술 목표는 생산성의 극대화, 제품 불량 방지, 제품 품질 편차 감소, 조업 및 설비사고 감소 등과 같은 원초적인 것이었다.

1기 설비의 가동 이후 국내의 강재 수요 산업 즉, 자동차, 조선, 가전, 철 구조물 등이 급신장하면서 강재 수요도 기하급수적으로 늘어남에 따라 포항제철의 확장사업도 이에 발맞추어 빠르게 진행되게 된다. 1976년 포항 2기 설비 준공, 1978년 포항 3기 설비 준공, 1981년 포항 4기 설비 준공, 1983년 포항 4기 2차 설비 준공, 1987년 광양 1기 설비 준공, 1989년 광양 2기 설비 준공, 1990년 광양 3기 설비 준공, 1992년 광양 4시설 준공 등 불과 19년 동안에 8차례의 확장을 마쳐 평균 2.5년 만에 한 번씩 확장공사를 진행시켰다. 제품군의 종류도 열연, 후판에 추가하여 선재, 냉연, 전기강판, 스테인리스 등 철근, 형강과 같은 Long Product 이외의 모든 Flat Product와 선재까지 생산하게 되어 이제는 조강 연산 4,300만 톤, 세계 6위의 글로벌 리더로서의 위상을 확보하기에 이르렀다. 그동안 세계 철강 기술의 발전은 괄목할 만한 성과를 보여 주었다. 예를 들면 종래 단속적으로 연결되던 공정이 단순화, 세분화, 자동화, 연속화, 직결화라는 과정을 거치면서 조기-분괴 공정이 연속주

조기술로 대체되고 리버싱 압연이 탄뎀압연기술로 바뀌고 뱃치 아닐링이 연속 소둔으로 발전되고 후판의 별도 열처리 방식이 온라인 가속냉각 기술로 대체되고 연주와 열연 공정이 직결화(HCR, HDR)되는 등 공정이 단축되고 에너지가 절감되고 실수율이 증가되어 원가 경쟁력이 급격히 향상되었다.

포항제철도 이러한 발전 추세에 발맞추어 매 설비 확장 때마다 설비 체제를 발전시켜 왔다. 포항제철은 이러한 추세를 뛰어넘어 코크스 공장과 소결 공장 없이 선철을 생산할 수 있는 파이넥스 공법을 자력으로 개발하여 150만 톤 규모의 상용 설비를 가동하였을 뿐 아니라 연속주조와 열연 공장 없이 용강에서 열연코일을 직접 주조하여 박판을 생산할 수 있는 스트립 캐스팅 기술까지 자력으로 개발 성공시킨 바 있을 정도로 현재의 포스코의 기술력은 세계 최고의 수준에 이르렀다 할 수 있겠다.

그러나 이러한 설비적 발전 추세와 더불어 철강 수요가들의 제품 성능, 품질 요구가 극한 수준에 이르는 추세에 대응하기 위해서는 요소 공정과 기술의 세분화, 정밀화가 이를 뒷받침해야 한다. 예를 들면 자동차 외판재가 요구하는 초고성형성, 자동차의 경량화 추세에 따라 요구되는 고강도 고성형성, 타이어코드, 엔진 밸브스프링, 베어링강, 고급 냉간 압연용 등에서 요구하는 고 신선성 및 고 청정성, 극한 지역용 석유수송용 및 유정용 강관 등에서 요구하는 내HIC 보증성능, 9%Ni강에 대응하는 저원가 고망간 극저온 강재 등을 상업적으로 제조하기 위해서는 극저류, 극저린, 극저

탄소, 극저질소, 극청정강, 고정밀 합금제어 등 수 많은 요소기술 개발이 선행되어야 한다.

이러한 요소 기술은 포항 1기 설비의 구성조건으로는 달성이 불가능하다. 왜냐하면 용선과 고철을 전로에 장입하여 산소를 상취하는 기존의 LD전로만으로는 탈린, 탈류, 탈질, 탈탄의 한계를 충족시킬 수 없기 때문이다. 따라서 전로 정련 공정을 전후하여 예비처리 및 후처리 공정을 추가하여 화학성분 제어, 슬래그-메탈 반응을 강화하기 위한 교반 강화, 슬래그 성분 제어 등의 조작이 필요함에 따라 각종 하드웨어의 보강이 필요하였다.

이러한 하드웨어 보강사례로서 순산소 상취 방식의 LD전로를 상하취방식의 복합취련 방식으로 전면 개조하였고 용선의 탈류 탈린을 위하여 용선 예비처리 설비를 도입하였고 출강 이후 용강의 유황, 인, 개재물을 추가적으로 제거하기 위한 파우더인젝션 설비, 버블링설비, LF설비, Ca-Wire Feeding설비 등을 도입했으며 용강의 탄소, 질소, 수소 성분을 극한 수준까지 제어하기 위한 RH 탈개스 설비 등을 도입하였다.

일본 넘어서기

고급 강재의 대량 생산을 위한 설비 스펙트럼이 갖추어졌다 하더라도 이의 운용효율을 극대화시킬 수 있는 시스템과 소프트웨어가 뒤따르지 않으면 소기의 목표를 이룰 수 없으므로 회사는 이들 요소기술과 응용기술을 개발하여 생산성과 부가가치의 극대화를 기할 수 있는 토대를 마련하기에 이르렀다. 예를 들면 제강 연주 분야에서 고속 취련 기술,

고철 다량 용해 기술, 종점탄소의 Catch Carbon기술, 래들 슬래그 개질 기술, 연주 노즐 막힘 방지 기술, 턴디쉬 댐 최적화 설계 기술, 몰드 탕면 제어 기술, 무결함 주편 제조 기술, 연주 2차냉각 제어 기술, 전자교반장치 적용 기술, 연주 경압하 기술, 주조중 폭 변경 기술, 연주 이폭 주조 기술 등이 있다.

특히 고로의 미분탄 취입 기술, 고출선비 조업 기술, 고로 장수명화 기술, 장입물 분포 제어 기술 등은 일본인들도 인정할 정도로 세계 최고 수준인 것으로 평가받고 있다.

1980년대 말까지는 설비의 8차례 확장 가동을 뒷받침하기 위해 생산성 위주의 조업 기술 전략에 매달렸으나 1986년 12월 포항공대가 개교하고 이어서 1987년 3월 포항 산업과학 기술연구소(현 포항산업과학연구원, RIST)가 발족하면서 새로운 미래 전략적 연구 개발 체제를 갖출 수 있는 여건이 형성되었다.

회사의 기술연구개발조직은 1977년 1월 사내 부설 연구소로 출발하였으나 연구 개발 역량도 일천하여 조업 현장의 자질구레한 기술 문제를 해결하기 위한 트러블 슈팅 중심의 수준에 머물렀다. 이러한 가운데에서도 회사는 연구원 중에 우수한 자원을 선발하여 해외 대학에서 박사학위를 취득하도록 하기도 하였다. 사실 연구소의 역량을 좌우하는 결정적 요건은 우수한 연구인력을 확보하는 것이었다. 그러나 당시 부설 연구소의 연구원은 회사의 보수체계 안에서 운영되어야 했으므로 우수한 연구원을 신규 채용하는 것이 어려웠다.

1986년 포항공대가 개교하면서 우수한 교수요원이 확보되었고 연구소도 부설연구소 체제에서 독립법인 체제의 RIST를 1987년 3월 발족시킴으로써 대학교수급에 준하는 대우로 우수한 연구인력을 확보할 수 있었다. 이로써 국내뿐 아니라 해외에서도 그 유례를 찾지 못하는 산학연 협력에 의한 연구개발체제가 탄생하게 된다. 포항공대가 기초연구, RIST가 응용연구, 포스코가 현장 적용을 하는 유기적 연구개발 체제를 통하여 세 기관 간의 상승효과를 도모하는 이러한 아이디어는 박태준 회장의 미래를 내다보는 전략적 판단이기도 하였다.

  이를 통하여 RIST는 정부과제에도 독립적으로 참여하면서 연구 활동의 자율성도 확보하게 되었다. 과제 제안은 3개 기관이 독립적으로 하되 과제 심의 확정은 당시 본인이 몸담았던 생산기술본부에서 주관하여 철저하게 연구계약 베이스로 진행하였다. 한편 산학연 협력 연구를 내실화하기 위해서 포항공대 교수를 겸직 연구원으로, RIST연구원을 겸직교수로 운용하는 체제도 갖추었다. 또한 산학연 각 기관의 최고 경영자가 연 2회 정기적으로 모여 연구개발 확대회의를 개최하여 산학 연간의 문제점을 발굴하고 조율하는 역할을 하도록 하였다. 1994년 7월에는 RIST의 조직을 개편하여 철강 공정분야, 철강 제품 분야, 자동화 분야, 신소재 분야, 환경 에너지 분야를 담당하는 5개 본부와 연구지원본부가 탄생하면서 창립 당시 359명이던 인원이 박사연구원 154명을 포함하여 연구원 446명, 지원 요원 451명, 합계 897명의 대 조직이 되었으며 포항공대 교수의 겸직 연구원도 124명에 이르게 되었다.

한편 당시 철강 제조기술의 경쟁력 제고가 화급한 이슈로 대두되면서 연구 개발의 기동성을 확보하고 현장 연구의 실효성을 증진하기 위하여 현장 밀착형 연구과제를 계약 베이스가 아닌 포스코의 In-House 체제로 전환하고자 하는 요구가 대두되면서 1998년 8월에 R&D 2차 개편이 단행되어 철강제품 및 공정 관련 연구는 포스코 사내 기술연구소, 나머지는 RIST에서 수행하는 2원 체제로 바뀌게 된다. 또한 철강 선진기술의 본거지인 일본에 도쿄연구소를, 독일의 뒤셀도르프에 유럽 연구소를 각각 설립하여 현지 기술정보 수집, 현지 기술진과의 협업 연구, 현지 기술인력과의 네트워킹 확보 등을 도모하기도 하였다. 이러한 R&D부문에서의 발전 과정은 오늘의 포스코가 세계 최정상의 철강사로 발돋움하기까지의 발판과 원동력이 되었음은 물론이다.

마무리하면서

1969년 3월 포스코에 입사하여 1998년 3월 기술담당 부사장(CTO)으로 퇴임하기까지의 29년의 세월과 그 이후 2년 6개월간의 포스코 휼스(실리콘 웨이퍼 제조회사)의 사장, 5년간의 RIST 원장과 상임고문, 10여 년간의 지역기업 삼일 그룹의 회장을 끝으로 70대 중반에 이르기까지의 나의 직장생활은 그야말로 복 받은 인생이라 아니할 수 없다. 나의 삶을 이처럼 이끌어 주신 하나님께 감사할 뿐이다. 돌이켜 보면 포스코에서의 나의 일상은 오후 6시쯤 퇴근하여 저녁 식사 후 곧바로 2차 출근하여 밤 12시 또는 새벽까지 일하면서 부하직원들까지 혹독하게 고생시키다 보니 "도사" 또는 "독사"라는 별명이 지어질 정도로 포스코 재직기간 29년은

부하에 대한 미안함 속에서도 헌신과 열정을 쏟아 부었던 기간이었다. 그래도 이것이 오늘의 포스코를 세계 최정상의 위치에까지 올려놓을 수 있었던 디딤돌이 되었다고 생각하니 보람이 아닐 수 없다.

이제 마무리하려고 하니 지난날 희로애락의 에피소드들이 주마등같이 흘러간다. 자전거를 통근 수단으로 사용하던 시절 황색 군단의 일원으로 비가 오나 눈이 오나 바람이 부나 시내 월셋집에서 회사까지 출퇴근하던 어느 날 세찬 비바람을 뚫고 고개 숙여 앞으로 진군하던 중 길가에 있던 모래더미에 처박혔던 기억이며, 한여름 30도를 웃도는 더위 속에서 점심시간에 부원들과 어울려 축구 시합을 마치고 온몸이 흠뻑 젖은 상태로 선풍기조차 없던 사무실 책상 앞에 앉아 서류 위에 땀방울을 뚝뚝 흘리며 일했던 기억이며, 제강 부장 시절 당시 박태준 사장께서 안전사고가 잦았던 우리 부서를 질책하려 사무실을 찾아오셨다가 제강 부장실로 불쑥 들어오셔서 사무실 칠판 위에 깨알같이 쓰여 있던 수많은 업무 프로젝트 리스트를 훑어보신 후 흡족하셨는지 나의 어깨를 툭 치시면서 열심히 해보라고 격려하셨던 추억이며, 입사 초기 우리 입사동기생들이 합숙하며 기거했던 송도의 제5 합숙소는 저녁이면 동기생들의 즐거운 놀이방이 되어 기루다(브릿지 게임)이며 포커게임 등으로 타향살이의 외로움을 달랬던 추억 등은 지금도 우리들이 모일 때면 즐겨 회자되던 옛이야기가 되고 있다. 특히 1971년 8월 나의 결혼식에 참석했던 정장훈 군이 신혼여행지 부산 해운대까지 동행하면서 축하해 주었던 추억은 영원히 잊을 수 없을 것이다.

끝으로 후배들에게 당부하고 싶은 것은 철을 다루는 직업은 신성한 것으로서 하나님께서 주신 소명으로 받아들였으면 하는 바람이다. 지구의 구조를 보면 중심부에 고체 상태의 내핵과 그 바깥쪽에 액체 상태의 외핵이 있고 외핵과 지표 사이는 맨틀과 표면 지각으로 구성되어 있다. 내핵과 외핵의 구성성분은 철 91%, 니켈 8%로 되어 있고 지구 전체 질량에서 철이 차지하는 비율은 약 35%에 이른다고 한다. 이처럼 지구 질량의 상당 부분이 철로 되어 있다는 것은 빅뱅 이론으로 볼 때 철이 핵융합과 핵분열의 최종 산물이기 때문으로 추론되고 있다.

그리고 지구의 외핵은 액상의 철로 되어 있어 이것이 지구의 자전 운동으로 내부에서 끊임없이 순환하면서 생기는 자기장이 지구상의 생명체가 생존할 수 있도록 우주로부터의 치명적 전자파를 차단하는 것으로 해석되고 있다. 뿐만 아니라 생명체의 세포와 혈액 중에는 철 성분이 존재하고 있고 특히 혈액 중의 헤모글로빈은 철이 중요 성분으로 되어 있어 산소를 체내의 모든 세포에 운반하는 매개체 역할을 하고 있다. 이처럼 철이야말로 지구상의 모든 생명체가 존재할 수 있도록 하나님께서 주신 은혜의 선물이 아닐 수 없다.

한편, 우주 생성의 기원을 빅뱅설에 기초하여 탐구하는 것이 과학계 정설로 받아들여지고 있다. 이에 의하면 빅뱅을 통하여 우주에 소립자라는 원시 물질이 탄생하고 이들의 상호작용으로 양자와 중성자와 전자가 만들어진 후 수소와 헬륨 같은 가벼운 물질이 되면서 비로소 가스상의 별이 생성되었다는 이론이다. 이 가스상의 별은 엄청나게 높은 온도와 압력에 의하여 수소 원자들이 연쇄적으로 핵융합 반응을 일으키면서 점차 무거운 원소로 바뀌고 궁극적으로 원자번호 26, 원자량 55.85의 철이 되면서 더 이상 핵융합 반응이 진행되지 않는다는 것이다.

그리고 철보다 무거운 원소들은 초신성 폭발이라는 현상에 의해 생성되었다가 언젠가는 다시 핵분열에 의해 다시 가벼워지고 결국 철로 수렴되어 우주의 모든 물질은 최종적으로 철로 바뀐다는 것이다. 하나님께서 우주를 창조하셨다가 빅뱅 이론에 따라 언젠가는 모든 물질이 철로 수렴되는 것이 우주 창조의 섭리라는 생각이 허황되지 않다고 하면 철은 오로지 하나님께서 인간을 위하여 허락하신 신성한 물질이라는 인식을 지울 수 없다.

문학세계대표작가선 1024

그해 우리는 — 황금 같았던 날들의 기록

강정식 여섯 번째 시집

인쇄 1판 1쇄   2024년 8월 12일
발행 1판 1쇄   2024년 8월 19일

지 은 이 : 강정식
펴 낸 이 : 김천우
펴 낸 곳 : **문학세계** 출판부 / 도서출판 **천우**
등   록 : 1992. 2. 15. 제1-1307호
주   소 : 서울시 광진구 구의강변로 85 강우빌딩 7F
전   화 : 02)2298-7661
팩   스 : 02)2298-7665
http://cafe.naver.com/chunwu777
E-mail : cw7661@naver.com

ⓒ 강정식, 2024.

값 15,000원

＊도서출판 천우와 저자의 서면 동의 없는 무단 전재 및 복제를 금합니다.
＊저자와의 협의에 따라 인지는 생략합니다.

ISBN 978-89-7954-935-5